Lean Management mit der 5S-Methode

Manuel Lehmann

Lean Management mit der 5S-Methode

Praktische Anleitung für effiziente Arbeitsplatzgestaltung
und reibungslose Prozesse

1. Auflage

Schäffer-Poeschel Verlag Stuttgart

Bibliografische Information der Deutschen Nationalbibliothek

Die Deutsche Nationalbibliothek verzeichnet diese Publikation in der Deutschen Nationalbibliografie; detaillierte bibliografische Daten sind im Internet über http://dnb.dnb.de/ abrufbar.

Print:	ISBN 978-3-7910-5108-6	Bestell-Nr. 10596-0001
ePub:	ISBN 978-3-7910-5111-6	Bestell-Nr. 10596-0100
ePDF:	ISBN 978-3-7910-5112-3	Bestell-Nr. 10596-0150

Manuel Lehmann
Lean Management mit der 5S-Methode
1. Auflage, Januar 2021

© 2021 Schäffer-Poeschel Verlag für Wirtschaft · Steuern · Recht GmbH
www.schaeffer-poeschel.de
service@schaeffer-poeschel.de

Bildnachweis (Cover): © MirageC, gettyimages
Fotos: Manuel Lehmann

Produktmanagement: Dr. Frank Baumgärtner

Schäffer-Poeschel Verlag Stuttgart
Ein Unternehmen der Haufe Group

Vorwort

Der einfachste Umgang mit einem Problem in einem Unternehmen ist die dauerhafte Lösung der Ursache, die zum Problem geführt hat. So weit, so einfach!

In der betrieblichen Praxis wird leider nur sehr selten so gehandelt. Insbesondere dann, wenn Problemstellungen in Form von kleinen und großen Störungen wiederholt auftreten, begegnen wir dem Phänomen der Gewöhnung. Mit anderen Worten: Anstatt Probleme dauerhaft und gemeinsam im Unternehmen zu lösen, werden diese akzeptiert und als Normalzustand angesehen. Jede Störung verursacht dabei Kosten und führt zu Stress bei den Beteiligten.

Das folgende Schaubild (vgl. Abb. 1) zeigt redundante Störungen in Prozessen auf. Unter Störungen sind in diesem Kontext sämtliche kleineren bis größeren Abweichungen zu verstehen, die vom Sollzustand abweichen.

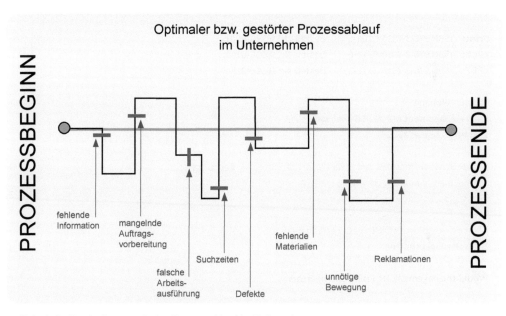

Abb. 1: Optimaler bzw. gestörter Prozessablauf im Unternehmen

„Es gibt viele Wege, um mehr Geld zu verdienen!
Der einfachste wäre, günstiger zu produzieren, um mit/aus gleichem
Umsatz mehr Gewinn zu erzielen."

Geschäftsführer

Abbildung 2 verdeutlicht die Auswirkungen auf Prozesszeiten, die durch Such- und Zugriffszeiten verursacht werden. Die aufgeführten Zahlen stellen dabei jeweils ein Minimum dar. In vielen untersuchten Fällen lagen die tatsächlichen Werte zum Teil drei bis vier Mal so hoch!

Betrachtung **Personalkosten: Auswirkungen** von Such- und Zugriffszeiten

Störgröße	Anzahl Vorgänge je Mitarbeiter/Tag	Zeitverlust in Minuten pro Tag	Zeitverlust pro Mitarbeiter pro Jahr in Stunden	Zeitverlust in Stunden bei 40 Mitarbeitern in der Produktion	Monetäre Bewertung bei einem Stundensatz von 35 € für den Arbeitgeber
Suchzeiten von Werkzeugen, Betriebsmittel, Informationen etc.	mindestens 6 X	15 Min	57,5 h	2.300	80.500 €
Unnötige Zugriffszeiten und Laufwege	mindestens 20 X	10 Min	38,33 h	1.533,2	53.662 €

Für die Berechnung ist der jeweils niedrigste Wert herangezogen worden

Betrachtung **Maschinenausfallkosten: Auswirkungen** von Such- und Zugriffszeiten

Störgröße	Zeitverlust Maschinenkapazität in Minuten pro Tag	Zeitverlust Maschinenkapazität in Minuten pro Jahr in Stunden	Monetäre Bewertung Kapazitätsverlust bei einer Maschine (80 € Stundensatz)	Monetäre Bewertung Kapazitätsverlust bei 15 Maschinen
Unnötige Stillstandszeiten in dem Zusammenhang	mindestens 10 Min	36,67	2.933,33 €	44.000 €

Abb. 2: *Auswirkungen von Such- und Zugriffszeiten*

Die 5S-Methode ist die Basis für die Einführung von Lean Management. 5S ist ein Instrument, um Arbeitsplätze durch Ordnung und Sauberkeit so zu gestalten, dass die Arbeit störungsfrei verlaufen kann. Die Methode wird von „Unwissenden" gern unterschätzt, belächelt und zum Teil als Banalität behandelt. Aus eigener Erfahrung kann ich Ihnen versichern, dass es kaum einen einfacheren Weg gibt, profitabler zu arbeiten, als die 5S-Methode einzuführen. Bevor ich die 5S-Methode – insbesondere in der praktischen Anwendung – kennengelernt habe, war ich ebenfalls eine „unwissende" Führungskraft, die das Thema als „Kinderkram" im ersten Moment abgetan hat.

„Manuel, die Mitarbeiter sind begeistert
und wir hätten nie gedacht,
dass wir so einen Zustand jemals erreichen."
Geschäftsführer

„Das ist das Beste, was wir je bei uns gemacht haben."
Mitarbeiter

Diese und andere Aussagen sind der Grund, warum es Sinn macht, für Veränderungen einzustehen und diese methodisch im eigenen Unternehmen anzuwenden. Den meisten Unternehmen geht es beim Changemanagement darum, profitabler zu werden. Ist es darüber hinaus nicht auch sinnvoll, die Kultur der Zusammenarbeit zu verbessern und somit die Grundlage für zufriedenere Mitarbeiter zu schaffen?

Veränderungen, richtig angepackt, führen nicht nur zu besseren Ergebnissen, sondern auch zu deutlich größerer Zufriedenheit der Mitarbeiter. Lean Management – oder wie ich es treffender finde „einfach und erfolgreich zusammenarbeiten" – ist ein so wunderbares Thema. Es lohnt sich, sich damit intensiv auseinanderzusetzen.

> **„Der Kopf ist rund, damit das Denken die Richtung ändern kann."**
> *Francis Picabia*

Die 5S-Methode als Grundlage für die Einführung von Lean Management

Die 5S-Methode ist ein einfaches Werkzeug für eine dauerhafte Struktur und Ordnung. Sie bildet das Fundament auf dem Weg, einfacher zu arbeiten. Wie schon erwähnt, wird in diesem Zusammenhang oft von der Einführung des „Lean Managements" (lean = schlank) gesprochen.

Die 5S-Methode bietet Unternehmen einen einfachen Ansatz, Verbesserungen unter aktiver Beteiligung der Mitarbeiter und Führung umzusetzen und dabei dauerhaft zu etablieren. Die vorrangige Charakteristik von 5S ist der Aufbau störungs- und stressfreier Arbeitsplätze. Neben der physischen Ordnung an Arbeitsplätzen bezogen auf Werkzeuge, Betriebsmittel, Roh- und Fertigwaren bringt die 5S-Methode auch die Ordnung der Informations- und Kommunikationsabläufe innerhalb eines Unternehmens mit sich. In vielen Unternehmen scheitert die Einführung von 5S aus unterschiedlichen Gründen. Laut der Change-Fitness-Studie der MUTAREE GmbH (vgl. MUTAREE GmbH 2018: Change-Fitness-Studie) ist generell nur jedes fünfte Change-Projekt erfolgreich. Einer der Hauptgründe dafür ist oftmals die fehlende Unterstützung der Führung oder die fehlende Akzeptanz der Mitarbeiter.

Ich möchte Unternehmen eine einfache Möglichkeit aufzeigen, wie sie ihre Organisation an vielen Stellen nachhaltig und dauerhaft verbessern können und das bei maximaler Akzeptanz der Beteiligten. Unternehmen, die an der eigenen Organisation arbeiten, entwickeln im gleichen Atemzug ihre Kultur deutlich weiter. Jedes Unternehmen hat das Ziel, die eigene Wertschöpfung so hoch wie möglich zu halten, jedoch schöpfen nur die wenigsten ihr Potenzial aus.

Die meisten Unternehmen betrachten die Prozessoptimierung als »Top-down-Thema«, d. h., es wird von oben vorgegeben, was die Mitarbeiter verbessern sollen. Da die Menschen „oben" sich „unten" leider nicht im Detail auskennen – was auch gar nicht möglich ist –, werden effektive und sinnvolle Ansätze oft nicht in Betracht gezogen. Probleme, die nicht bekannt sind, haben auch keine Chance, gelöst zu werden. In kleineren Unternehmen wissen die Chefs jedoch durchaus noch um die Probleme des Alltages im Betrieb. Hier fehlt jedoch häufig der methodische Ansatz, diese dauerhaft zu lösen. Eine Führungskraft ist auch nur ein Mensch und Menschen neigen dazu, sich im Laufe der Zeit nur noch mit Problemen zu beschäftigen, die auch lösbar sind. Mit anderen Worten: Aufgrund der gefühlten Machtlosigkeit werden gewisse Zustände von allen im Unternehmen akzeptiert.

„Was nützt die beste Methodik,
wenn es nicht gelingt, den Anwender zu erreichen?"

In einigen Unternehmen hat man das Gefühl, dass Management und Mitarbeiter in separaten Booten sitzen und sich dabei zum Teil in unterschiedliche Richtungen bewegen. Ein gutes Management sorgt dafür, dass Führungskräfte und Mitarbeiter an einem Strang ziehen und zusammenarbeiten. Oftmals überlassen Unternehmen die Zusammenarbeit jedoch dem Zufall und fordern bei zahlreichen Prozessen den gesunden Menschenverstand der Mitarbeiter ein. Was aber, wenn der gesunde Menschenverstand von jedem Mitarbeiter unterschiedlich interpretiert wird?

Suchen und warten
Suchen, warten und sich über Dinge ärgern kennt jeder und jeden von uns nervt es, wenn es uns mal wieder trifft. Nehmen wir eine einfache Alltagssituation:

Beispiel
An einem typischen Sonntagmorgen unternehmen wir als Familie nach dem Frühstück in der Regel etwas. Es vergeht dabei eigentlich kein Sonntag, an dem sich nicht folgendes Szenario abspielt:
Meine sieben Jahre alte Tochter ist beleidigt, weil ihr Lieblingspullover ausgerechnet jetzt in der Wäsche ist. Mein vierjähriger Sohn fahndet nach seinen Gummistiefeln. Meine Frau kann sich nicht für oder gegen die weiße Bluse entscheiden und ich ... ich bin am meisten genervt, weil ich, der Mann der festen Plätze, mal wieder

seinen Autoschlüssel suche und mich fünf Minuten darüber ärgere, das hätte vermieden werden können.

Es wäre fast lustig, wenn sich dieser Vorgang nicht immerzu wiederholen würde. Ich bin froh, dass wir wenigstens unsere Besteckschublade (so wie fast alle Europäer) strukturell einigermaßen im Griff haben und ich mich nicht – während mein Steak erkaltet – auf die Suche nach entsprechendem Werkzeug machen muss.

Ihnen werden nun sicherlich zahlreiche Beispiele aus Ihrem Leben einfallen. Oder haben Sie noch nie die Fernbedienung gesucht? Nun mögen all diese Vorgänge im privaten Bereich nur zu Stress und ein wenig Unfrieden in der Familie führen, selten zu finanziellen Schäden.

Insbesondere in der Produktion, in Werkstätten, aber auch in Büros und in der Verwaltung ist Suchen und Warten an der Tagesordnung. Daneben gibt es zahlreiche weitere Stolpersteine in den täglichen Arbeitsprozessen. Jeder Stolperstein im Prozess (Reklamation, Warten, Defekte, Fehlbestände, Doppelbestellungen, unnötige Bewegung, doppelte Arbeiten etc.) führt dazu, dass sich der Mensch ärgert und das Unternehmen keine Wertschöpfung (Profit) generiert. Im Laufe der Zeit macht sich bei den Betroffenen sowohl Gewöhnung als auch Frustration breit. Dabei hat man sich nicht nur an den Umstand gewöhnt, dass Dinge gesucht werden müssen, sondern auch gleichermaßen daran, dass die Zusammenarbeit generell nicht optimal ist.

Je geringer die Struktur (Spielregeln) eines Unternehmens ausgeprägt ist, desto schlechter ist es meist auch um die Kommunikation untereinander bestellt. Die motivierten Versuche einzelner Führungskräfte und Mitarbeiter sind häufig zum Scheitern verurteilt, wenn es keine offiziellen Spielregeln gibt. Jeder Mitarbeiter hat seine eigenen Spielregeln und ärgert sich, wenn die Kollegen anders handeln, als man es selbst für richtig halten würde. Wer Organisatorisches verbessern will, muss damit beginnen, Spielregeln zu entwickeln.

Haben Sie Mut und Vertrauen, neue Wege gemeinsam zu gehen!

Inhaltsverzeichnis

Teil F: Fazit und Zusammenfassung

Teil A

Einführung in die Kaizen-Denkweise

1 Einführung

Jedes Unternehmen beschäftigt sich mit der Fragestellung, wie die eigene Produktivität erhöht werden kann, um auch weiterhin dem Druck der Mitbewerber Stand halten zu können. Unternehmen und Organisationen sind sich aber oft nicht im Klaren darüber, was mit der Einführung einer Methodik – respektive neuen Arbeitsweise – erreicht werden soll.

Damit Sie eine klare Vorstellung davon bekommen, was Ihr Unternehmen erreichen möchte, bedarf es zunächst der Entwicklung einer Vision. Davon werden die Ziele zur Erreichung der Vision abgeleitet, die in der Form eines Zielauflösungsprozesses auf die einzelnen Abteilungen heruntergebrochen werden.

Einer der wichtigsten Faktoren, wie Unternehmen sich verbessern können, ist die Reduzierung sämtlicher Such- und Wartezeiten, die in nahezu allen Unternehmen ohne 5S-Methodik an der Tagesordnung sind. Die 5S-Methode gibt es bereits seit mehr als 40 Jahren. Sie wird insbesondere von großen Unternehmen angewandt. Im Mittelstand ist die Methode noch relativ unbekannt.

Struktur und Ordnung werden von vielen Unternehmen eher stiefmütterlich behandelt und als selbstverständlich erachtet. Erst bei näherer Betrachtung fällt auf, welch enormes Potenzial in der Anwendung der 5S-Methode steckt. Oft wird die Methode nur als Werkzeug zur Schaffung einer hervorragenden Ordnung gesehen, einige verstehen darunter „professionelles Aufräumen". Wird die 5S-Methode richtig angewandt, lässt sich damit viel mehr als nur die Verbesserung von Ordnung und Struktur erreichen. Der Aufbau von verlust- und stressfreien Arbeitsplätzen unter aktiver Beteiligung der Mitarbeiter bildet das Fundament für ein erfolgreiches Changemanagement. Die 5S-Methode ist nach meiner Auffassung nicht nur ein einfaches Werkzeug, sondern darüber hinaus eine Einstellung und Haltungsweise.

In diesem Buch wird die Einführung der 5S-Methode als Werkzeug zur Schaffung dauerhafter Struktur und Ordnung sowohl im Bereich der physischen Zusammenarbeit als auch im Bereich der Ordnung von Kommunikations- und Informationsflüssen beschrieben.

Die 5S-Methode ist das Fundament der aus Japan stammenden Kaizen-Philosophie bzw. Kultur. Es gibt mittlerweile zahlreiche Unternehmen, die alle Verbesserungsprozesse der 5S-Methodik zuordnen und sich darüber hinaus nicht der Begrifflichkeit von Kaizen oder Lean Management bedienen. Kaizen und Lean Management sind übergeordnete Ansätze (Baukästen) mit unterschiedlichen Werkzeugen für unterschiedliche Problemstellungen. Die 5S-Methode ordnet nicht nur die physischen Dinge im Unternehmen, sondern eröffnet auch die Möglichkeit, die Zusammenarbeit in den Bereichen Information und Kommunikation deutlich zu verbessern. Gerade im Bereich der Kommunikation liegt ein enormes Verbesserungspotenzial. Menschen sprechen viel häufiger übereinander statt miteinander.

Die 5S-Methode ist die ideale Basis für die Einführung von Lean Management/Kaizen. Warum das so ist, lässt sich leicht erklären: Jeder Mitarbeiter hat ein Interesse daran, dass er über optimale Arbeitsbedingungen verfügt. Über die 5S-Methode erhalten die Mitarbeiter die Möglichkeit der Mitgestaltung, so stellt sich sehr schnell eine Akzeptanz gegenüber Veränderungen ein. Viele Veränderungen erleben die Mitarbeiter und Führungskräfte als negativ und bauen innere Barrieren dagegen auf. Tritt jedoch ein positiver Effekt durch Veränderung ein, ist die Basis für weitere Veränderungen gelegt. Die 5S-Methode ist daher als Fundament auf dem „Lean Weg" zu bezeichnen. Abgesehen von der 5S-Methode zeigt Abbildung 3 weitere Bausteine, die Ihrem Unternehmen nicht nur zu mehr Profit, sondern auch zu einer verbesserten Kultur der Zusammenarbeit verhelfen.

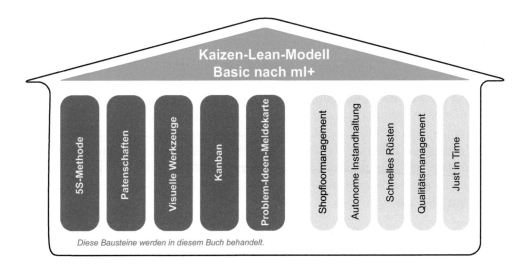

Abb. 3: Bestandteile von Kaizen/Lean Management

Ein Unternehmer sagte einmal zu mir: „Mit der Einführung von 5S habe ich das Gefühl, mein Unternehmen viel besser im Griff zu haben!" Mitarbeiter berichten in diesem Kontext, dass sie nun „beruhigter" arbeiten.

1.1 Die Reise geht los

Viele von Ihnen denken jetzt bestimmt: „Wunderbar! Wieder jemand, der sich gut in der Theorie auskennt, aber bei uns funktioniert das nicht!" Vielleicht kennen Sie den folgenden Spruch:

„Alle sagten: Das geht nicht.
Dann kam einer, der wusste das nicht und hat's gemacht!"
Goran Kikic, deutscher Autor und Mentalcoach

Jeder Unternehmer will Kosten sparen!
In der heutigen Zeit wird ein permanentes Wachstum der Wirtschaft vorausgesetzt. Die meisten Unternehmen setzten in den letzten 30 Jahren auf folgende Ansätze der Verbesserung, um weiteres Wachstum zu generieren:

* Technik ersetzt Personal,
* Outsourcing und
* Vertriebskanäle erweitern.

Technik ersetzt Personal
Ich habe an etlichen Besprechungen teilgenommen, in denen es um produktiveres Arbeiten durch verbesserte Technik oder um die Möglichkeit der Personaleinsparung ging. So wurde z. B. ein neuer Palettierer gekauft und im gleichen Zuge sechs Mitarbeiter eingespart oder eine Maschine mit doppelter Leistungsfähigkeit angeschafft. Der Nachteil beim Wettrüsten der Technik besteht darin, dass Ihre Konkurrenz gleichermaßen in neue Technik investieren wird. Dafür sorgen in der Regel die Maschinenhersteller.

Im Ergebnis haben Sie nicht nur eine neue Maschine, sondern auch Zahlungsverpflichtungen bei Ihrer Bank. Der Gewinner des Wettrüstens ist meist der Kunde, der seine Produkte noch günstiger bekommt – Bank und Maschinenhersteller profitieren ebenfalls. Bitte verstehen Sie mich nicht falsch, ich bin absolut der Meinung, dass technischer Fortschritt wichtig ist, aber das allein führt auf Dauer nicht zum Ziel.

Outsourcing

Als ehemaliger Leiter der Logistik erhielt ich häufiger Anrufe von Logistikdienstleistern, die mir erklärten, dass eine Auslagerung der Logistik Sinn machen und jede Menge Personalkosten einsparen würde. Als Krönung wurde mir noch ein Übernahmeangebot für die eigenen Mitarbeiter gemacht. Im Ergebnis erledigen die Kollegen dann den gleichen Job wie vorher, nur steht ein anderer Absender auf der Lohnabrechnung und der Verdienst reduziert sich um ca. 10 bis 20 %. Diese Maßnahme wird den Frieden im eigenen Unternehmen nicht unbedingt fördern und ist darüber hinaus aus sozialer und volkswirtschaftlicher Sicht fragwürdig.

Vertriebskanäle erweitern

Je nachdem wie hart der Konkurrenzkampf innerhalb einer Branche ist, greifen Unternehmen mitunter zu sehr ungewöhnlichen Mitteln. So ist es z. B. in der Druckindustrie, die mit der Digitalisierung eher zu kämpfen hat, als davon zu profitieren, üblich, Angebote mit einem Deckungsbeitrag von 0 % und darunter zu machen. Dabei ist es Praxis geworden, dass die Kunden offen mit den Angeboten der Mitbewerber umgehen. Dies kann zu einem permanenten Unterbieten, d. h. einer Abwärtsspirale der Angebote, führen, denn niemand lässt sich gern sein „Stück vom (Umsatz)Kuchen" stehlen. Darüber hinaus bedeutet das Generieren von mehr Umsatz auch immer mehr Arbeit und damit verbundenem Stress.

Gehen Sie einen einfacheren Weg

Überlegen Sie doch einmal, wie oft es Arbeitstage gibt, an denen alles „wie am Schnürchen" läuft, Sie um sieben Uhr morgens beginnen und um 15.30 Uhr auf die Uhr gucken und denken „Mensch, schon Feierabend, ich wollte noch so viel erledigen". Oder Sie denken an die anderen Arbeitstage, an denen es nicht so läuft, wie Sie sich das vorstellen. Ich meine die Tage, an denen Sie morgens um sieben Uhr mit der Arbeit beginnen und um acht Uhr schon so viele Stolpersteine und Ärgernisse erlebt haben, dass Sie am liebsten wieder nach Hause gehen würden. Genau diese Tage, an denen Sie schon zu Beginn der Arbeit Dinge suchen, die gestern noch da waren, oder an denen Sie sich mal wieder darüber ärgern, dass eine vorbereitende Tätigkeit nicht erledigt wurde, ein Kollege oder Verbrauchsmaterialien nicht da sind oder eine wichtige Information zum Start des Prozesses noch nicht vorliegt, machen deutlich, dass eine Veränderung nützlich wäre.

Dieses Buch möchte Ihnen eine Arbeits- und Denkweise vorstellen, die Sie anschließend in der Praxis anwenden können. Die von mir benutzten Beispiele dienen nicht dazu, diese 1:1 zu kopieren. Ich möchte Ihnen damit lediglich anregende Tipps und Tricks übermitteln. Sie müssen Ihren eigenen Weg der Umsetzung finden. Wichtig dabei ist, dass Sie die Kultur Ihres Unternehmens und Ihrer verschiedenen Mitarbeiter berücksichtigen und dieser Kultur in der Umsetzung entsprechend Raum geben.

Die Haltung ändern

„Bei uns ändert sich eh nichts!" – Ich kann diese Haltung zunächst gut verstehen. Wir alle haben unsere Erfahrungen in der Vergangenheit gemacht und aus unseren Erfahrungen heraus bilden wir uns ein Urteil, wenn es um etwas Neues geht. Wenn die Erfahrungen in der Vergangenheit an bestimmten Stellen nicht gut waren – weil z. B. oft Werkzeuge oder Betriebsmittel gesucht wurden –, fällt der Glaube an dauerhafte Problemlösungen schwer.

Als Hauptproblem identifizieren wir meist die andere Schicht, den unstrukturierten Chaoskollegen, den Mitarbeiter im Allgemeinen oder den Chef. Einen Schuldigen finden wir immer! Aber nur weil etwas bisher nicht optimal war, muss es nicht so bleiben. Wenn kein neuer Weg beschritten wird, ändert sich definitiv auch nichts!

Auch die folgenden O-Töne von Führungskräften und Mitarbeitern sind klassische Aussagen, die sich im Laufe der Zeit in deren Köpfen verfestigt haben:

- „Unsere Mitarbeiter tun sich schwer mit Veränderungen!"
- „Für's Denken werden wir nicht bezahlt!"
- „Das haben wir schon immer so gemacht!"
- „Auf mich und meine Meinung hört hier keiner!"
- „Die da oben wissen doch alles besser!"
- „Wir machen das so, weil unser Chef das will!"
- „Bei uns ändert sich eh nichts, wir haben schon so viel versucht, und wenn, dann hält es nicht lange!"
- „Es gibt viele Regeln, aber die Einhaltung wird nur selten kontrolliert und bei Abweichungen davon gibt es keinerlei Konsequenzen!"

Die Vergangenheit können wir nicht ändern, sonst würde ich Ihnen raten, sich einen „Fluxkompensator" zuzulegen und auf ein Sportereignis mit kuriosem Ausgang zu wetten (wie z. B., dass Deutschland bei der Fußball-WM 2018 als Favorit in der Vorrunde ausscheidet). Wenn ich Sie nun fragen würde, ob wir die Zukunft positiv gestalten könnten, sofern sich einige Dinge wirklich ändern, müssten Sie diese Frage mit einem „Ja" beantworten. Und genau an dieser Stelle bitte ich Sie, mit auf den Zug aufzuspringen. Lassen Sie sich fallen und folgen Sie meinem etwas anderen Weg.

Beispiel

Während eines 5S-Trainings (Störungsfreie Arbeitsplätze durch Ordnung und Struktur) ergab sich folgende Situation:

Ein Mitarbeiter, 40 Jahre in dem Unternehmen beschäftigt, zückte am zweiten Tag des Workshops sein Handy, um zahlreiche Bilder vom neu erarbeiteten Zustand zu machen. Auf die Frage, warum er Fotos macht, antwortete der Mitarbeiter, dass er ziemlich stolz auf das erreichte Ergebnis (vgl. Abb. 4) sei und er das doch auch seiner Frau zeigen müsse. Ich habe ihn dann gefragt, wie viele Fotos er in den letzten 40 Jahren im Unternehmen gemacht hat, um diese seiner Frau zu zeigen. Die Antwort können Sie sich denken – kein einziges. Das Verhalten des Mitarbeiters hat seinen Chef in Staunen versetzt, war doch genau dieser Kollege im Vorfeld der Veranstaltung sehr kritisch und abwehrend dem Thema gegenüber.

Abb. 4: *Stolzes Ergebnis einer 5S-Aktion*

In diesem Buch geht es nicht um Hexenwerk oder um komplizierte Raketenwissenschaft. Wir beschäftigen uns vielmehr mit Kleinigkeiten, je nach Größe des Unternehmens allerdings mit 100.000 Kleinigkeiten und mehr. Die Summe der Kleinigkeiten macht einen wirklich großen Wurf daraus!

Grundsätzlich geht es darum, die Arbeitsabläufe so einfach wie möglich – nahezu intuitiv – zu gestalten (ähnlich wie beim Smartphone), eben so einfach wie es geht!

1.2 Was können Sie mit diesem Buch erreichen?

Zunächst einmal möchte ich Ihnen Anregungen liefern und Ihnen Lust auf die Umsetzung der 5S-Methode machen. Für die Unternehmen, die die Einführung der 5S-Methode als konsequenten und notwendigen Schritt sehen und gehen, lohnt sich die Investition in jedem Fall. Im Tagesgeschäft geht es überwiegend um die großen Probleme. Die 5S-Methode gibt Ihnen die Möglichkeit, die Vielzahl an kleinen bis mittleren Problemen nicht nur aufzuspüren, sondern darüber hinaus auch dauerhaft zu lösen. Darin steckt das wahre Potenzial der 5S-Methode.

Ein Tauschgeschäft – mehr biete ich Ihnen nicht an. Sie tauschen einen gewissen zeitlichen und monetären Invest gegen eine höhere Produktivität in Ihren Abläufen und eine verbesserte Kultur der Zusammenarbeit. Mehr Profit – weniger Stress!

Ich zeige Ihnen, wie Sie den Einstieg in eine aktive Veränderungskultur (Lean Management) ohne große Widerstände der Mitarbeiter hinbekommen. Ich selbst war mehr als 15 Jahre lang Führungskraft und aus eigener Erfahrung kann ich Folgendes sagen: „Alles, was schiefgehen kann, wird auch schiefgehen!" Aus dieser Erfahrung heraus habe ich die 5S-Methode meiner eigenen Interpretation entsprechend aufgebaut und einfache, nicht sehr aufwendige Pflegesystematiken etabliert.

1.3 Für wen ist dieses Buch?

In erster Linie richtet sich mein Buch an Unternehmer, Geschäftsführer, Führungskräfte und Mitarbeiter im Allgemeinen. Ich würde dieses Buch nicht schreiben, wenn ich nicht behaupten könnte, dass es in jedem Unternehmen möglich ist, einfacher (als bisher) zu arbeiten.

In meinen Trainings erlebe ich täglich, wie wichtig es ist, Mitarbeiter und Führungskräfte aktiv an die Hand zu nehmen. Der Zugang zum Menschen ist ein wesentlicher Erfolgsfaktor für die Einführung neuer Arbeitsweisen. Zunächst ist es aber wichtig zu verstehen, warum die Einführung der 5S-Methode insbesondere aus wirtschaftlichen Gründen sinnvoll ist.

Bevor wir uns also der 5S-Methode widmen, möchte ich Sie für Ihre Prozessabläufe sensibilisieren. Das Hauptziel eines Unternehmens ist es, die eigene Wertschöpfung so hoch wie möglich zu halten. Aber was genau bedeutet Wertschöpfung in einem Prozess? Kennen die Mitarbeiter Ihres Unternehmens den Unterschied zwischen Wertschöpfung und Verlusten? Falls ja, wird der Fokus auch darauf gelegt?

2 Wertschöpfung und Verluste

Die Steigerung von intelligentem Arbeiten ist einfaches Arbeiten! Immer dann, wenn ein Prozess nicht den einfachsten Weg nimmt, wird das Unternehmen daran gehindert, die optimale Wertschöpfung zu generieren.

Abb. 5: Stoppen Sie unnötige Verschwendungen

Die zentrale Aufgabe einer jeden Unternehmung ist es, die eigene Wertschöpfung möglichst hoch und „Verluste" so gering wie möglich zu halten. Leider haben wir häufig aus den Augen verloren, was das im Berufsalltag bedeutet.

Je einfacher ein Unternehmen arbeitet, desto höher ist die Wertschöpfung im Prozess. Stoppen Sie unnötige Verschwendungen, die weder Ihrem Unternehmen, noch Ihren Beschäftigten einen Mehrwert bringen.

2.1 Definition der Wertschöpfung

Wertschöpfung ist das, was der Kunde bereit ist, zu zahlen. Demnach gilt es, den Arbeitsablauf so zu gestalten, dass nach Möglichkeit nur Arbeitsschritte verrichtet werden, die der Kunde auch bezahlt. Diese sollten so einfach wie möglich durchgeführt werden. Aber was bedeutet in diesem Zusammenhang „einfach"?

Beispiel
Samstags und sonntags kaufen viele Menschen frische Brötchen beim Bäcker. Nun stellen Sie sich vor, der folgende Fall würde eintreten: Am Samstag gehen Sie zum Bäcker, bestellen fünf herrlich duftende Brötchen und die Verkäuferin möchte von Ihnen 1,75 € (0,35 € pro Brötchen) haben. Am darauffolgenden Tag besuchen Sie den gleichen Bäcker erneut und sind sogar bei der gleichen Verkäuferin an der Reihe. Sie bestellen wieder fünf Brötchen und nun bittet die nette Dame hinter dem Tresen Sie, ihr 2,00 € (0,40 € pro Brötchen) für die fünf Brötchen zu geben. Dazu gibt Sie Ihnen noch den Hinweis, dass die Brötchen heute etwas teurer seien als üblich. Der Grund läge darin, dass heute Nacht ein Backautomat für zwei Stunden ausgefallen ist und das entsprechende Ersatzteil und das nötige Spezialwerkzeug leider nicht gefunden wurden, wodurch deutlich weniger Brötchen gebacken wer-

den konnten. Da man schließlich nahezu die gleichen Fixkosten gehabt hätte und zudem noch eine teure Reparatur an der Maschine hinzukam, könnte der entstandene Verlust nur durch einen höheren Verkaufspreis aufgefangen werden.

Ich gehe davon, dass Ihr Verständnis für eine solche Maßnahme sehr gering ausgeprägt wäre. In diesem Vergleich liegt jede Menge betrieblicher Alltagswahrheit. Die defekte Backmaschine und die gesuchten Werkzeuge und Ersatzteile stehen dabei stellvertretend für zahlreiche weitere Stolpersteine und Ärgernisse, die zu einer Reduzierung der Wertschöpfung führen. „Einfach" wäre gewesen, wenn das Ersatzteil und die entsprechenden Werkzeuge vorrätig und so aufbewahrt worden wären, dass man die Backmaschine schnell hätte reparieren können.

Das Beispiel ist sicherlich etwas überspitzt dargestellt. Aber gibt es nicht in fast jedem Ablauf etwas, das gar nicht sein müsste, wenn man es besser organisieren würde? In jedem Unternehmen, das keine Methodik z. B. gegen das Suchen von Dingen und Informationen etabliert hat, ist Suchen an der Tagesordnung und kaum ein Mitarbeiter hinterfragt Dinge, die sich regelmäßig wiederholen, da die Abweichung zum Normalzustand geworden ist.

Die Betrachtung von Wertschöpfung und Verlusten in einem Prozess hilft dabei, einen klaren Blick auf die wirklich notwendigen Dinge zu erhalten. Es gilt, Verluste so klein wie möglich zu halten.

2.2   Die sieben großen Verlustarten

Im Folgenden werden die sieben großen Verlustarten kurz aufgezeigt. Allen gemein ist, dass jedes Unternehmen diese Verlustarten unmittelbar beeinflussen und reduzieren kann. In den meisten Unternehmen werden diese Verluste jedoch seit jeher als „normal" angesehen.

Abb. 6: *Die sieben großen Verlustarten*

2.3 Suchen und Warten sind Normalzustände

In vielen Unternehmen sind Suchzeiten an der Tagesordnung. Die Mitarbeiter haben sich daran gewöhnt und empfinden dabei nichts Störendes mehr. Der Abweichungszustand wird als Normalzustand akzeptiert.

Suchen von:
- Material
- Werkzeugen
- Betriebsmitteln
- Ersatzteilen
- Informationen

Warten auf:
- Qualitätsprüfungen/ Freigaben
- Entscheidungen der Vorgesetzten
- Rüstzeiten und Werkzeugwechsel
- Kurzstillstände
- den vorherigen Arbeitsprozess

Abb. 7: *Stau wird häufig als Normalzustand hingenommen*

Das Suchen bezieht sich dabei auf eine Vielzahl von Dingen: Neben Werkzeugen gibt es regelmäßige Suchvorgänge nach weiteren Materialien, Betriebsmitteln, Ersatzteilen oder Informationen.

Warten frisst viel Zeit, die sinnvoll genutzt werden könnte. Hierzu zählt beispielsweise das Warten auf Entscheidungen von Vorgesetzten, auf Rüstzeiten oder auf Freigaben. Mit Suchen und Warten ist auch das „Gewöhnen" an Zustände gemeint. Sich an den Zustände zu gewöhnen, passiert in der Praxis leider sehr schnell. Beispiele gibt es in fast jedem Unternehmen. Hier fehlt die Methodik, die Dinge strukturiert anzugehen.

Beispiel
Während eines 5S-Workshops bat ich einen Mitarbeiter, mir einen Klebestreifen zu geben. Dieser zog einen Streifen aus der Tesa-Schneidestation heraus, holte eine Schere und schnitt ab. Auf meine Frage, ob und wie lange die Schneideeinrichtung nicht funktionieren würde, bekam ich folgende Antwort: „Keine Ahnung, ich arbeite seit drei Jahren hier, so lange ist das schon so. Darum kümmert sich niemand!"

Abb. 8: *Schneidestation mit stumpfen Schnittmessern für den täglichen Gebrauch*

3 Die Kaizen-Philosophie

Die Kaizen-Philosophie hat ihren Ursprung in Japan und wird seit den 1950er-Jahren von Toyota angewandt. Kaizen bedeutet nichts anderes als „Veränderung zum Guten".

KAI = Veränderung
ZEN = zum Guten

Kaizen ist dabei die übergeordnete Philosophie und Denkweise, die zahlreiche Werkzeuge beinhaltet (vgl. Abb. 3). Bildlich können Sie sich Kaizen als eine Art Werkzeugkoffer mit unterschiedlichen Werkzeugen vorstellen. Ein wichtiges Basiswerkzeug der Kaizen-Philosophie ist die 5S-Methode für dauerhafte Struktur und Ordnung.

3.1 Häufiger Umgang mit Problemen

Das Tagesgeschäft in einem Unternehmen verläuft nur selten reibungslos, da es immer wieder zu kleineren, mittleren und größeren Problemen kommt. Viele Unternehmen haben keine Strategie oder entsprechende Werkzeuge, wie im Tagesgeschäft mit Problemen umgegangen wird, weshalb in der unternehmerischen Praxis oft wie folgt verfahren wird:

- Probleme werden ignoriert. Das ist der einfachste und bequemste Weg, mit einem Problem umzugehen: „Wir haben kein Problem!"
- Sie werden als normal (chronisch) und unlösbar angesehen.
- Man nimmt sich keine Zeit, sich mit Problemen zu beschäftigen. Stattdessen schlägt man sich immer wieder erneut damit herum.
- Man beginnt die Problemlösung und lässt sie dann versanden.
- Es werden nicht die richtigen Personen involviert.
- „Die anderen sollen sich darum kümmern."
- „Als Chef bin ich dafür nicht auch noch zuständig."
- „Dafür werde ich nicht bezahlt."

Eine Möglichkeit, sich diesen Problemen zu stellen, ist die Anwendung des Kaizen-Prinzips.

3.2 Das Kaizen-Prinzip

Kaizen ist keine Methode und auch kein Werkzeug, sondern eine Denkweise, die Mitarbeiter und Führungskräfte bei ihrer Arbeit täglich anwenden sollten. Die Botschaft dabei lautet:

„Es soll keinen Tag ohne Verbesserung im Unternehmen geben!"

Masaaki Imai, Erfinder Kaizen

Kaizen ist dabei die Einstellung der Mitarbeiter in Bezug auf die eigene Arbeit, den eigenen Arbeitsplatz und die Qualität der Abläufe und Prozesse, um diese zu verändern.

Die Kaizen-Philosophie ist nichts anderes als der gesunde Menschenverstand, gepaart mit Werkzeugen, wie dieser im Unternehmen eingeführt werden kann und darüber hinaus dauerhaft Bestand hat oder sogar noch weiterentwickelt wird.

Das Toyota-Produktionssystem gilt weltweit als führendes System. Der erste europäische Automobilbauer, der auf dieses Produktionssystem gesetzt hat, war Ende der 1980er-Jahre die Firma Porsche. Heute arbeiten alle großen Automobilhersteller mit dem Toyota-Produktionssystem – sie nennen es natürlich anders. Da Japaner eine gänzlich andere Kultur und Einstellung zur Arbeit im Allgemeinen haben, ist es nicht möglich, diese Kultur 1:1 zu übertragen. Leider versuchen genau das sehr viele Unternehmen und scheitern damit oftmals. Egal, wie gut eine Methodik funktioniert, es ist nicht möglich, Methoden einfach zu kopieren. Kaizen ist eher eine Haltung und eine Arbeitsweise. Wichtig ist die Anpassung der Kaizen-Philosophie mit ihren Werkzeugen auf Ihre Unternehmens- und Mitarbeiterkultur.

Die Kaizen-Philosophie folgt einem einfachen Prinzip – dem Gemba-Prinzip. Probleme zu beheben, bedingt zunächst einmal, diese zu kennen. Einen Teil Ihrer Probleme werden Sie sicherlich kennen. Dies gilt leider nicht für alle Problemfälle, da sich Führungskräfte und Mitarbeiter im Laufe der Zeit an Dinge gewöhnen und die Probleme darin schlichtweg nicht mehr sehen.

Das Gemba-Prinzip beinhaltet Folgendes:
Gehe an den Ort des Geschehens (Gemba), beobachte dort, was geschieht (Gembutsu), suche dabei nach Verlusten oder Stolpersteinen (Muda) und verbessere den Zustand (mache Kaizen) (vgl. Abb. 9).

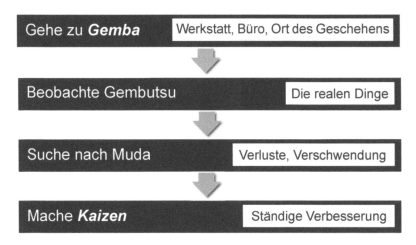

Abb. 9: *Das Kaizen-Prinzip*

Beispiel

Bei einem meiner Trainings stand ich vor einem verschlossenen Besprechungsraum. An diesem Morgen war die zuständige Sekretärin krank, weshalb ich mir Hilfe aus dem Nachbarbüro holte. Die Kollegin wusste, dass es einen Schlüsselkasten gibt. Leider war der Schlüsselkasten mit weit mehr als 100 Schlüsseln befüllt (vgl. Abb. 10), die nur zum Teil gekennzeichnet waren. Nach 25 Minuten des Suchens gaben wir auf und riefen die Sekretärin zu Hause an. Nach weiteren zehn Minuten war der Schlüssel gefunden. Schaden: 35 Minu-

Abb. 10: *Unübersichtlicher Schlüsselkasten*

ten Arbeitszeit für zwei Mitarbeiter, die nicht angefallen wären, wenn die Schlüssel in dem Kasten nach einer sauberen Logik gekennzeichnet worden wären.

Der Suchaufwand wird laut der Sekretärin auf ca. sieben Stunden jährlich geschätzt. Dagegen dauert es einmalig ca. 2,5 Stunden, um sämtliche Schlüssel mit einer Kennzeichnung zu versehen und anschließend eine Übersicht zu erstellen. Wer das Kaizen-Prinzip lebt, nimmt derlei Zustände nicht mehr hin, sondern ändert sie.

Dieses und andere Beispiele finden sich in jedem Unternehmen. Die Kunst ist es, für diese Abweichungen die entsprechende Sensibilität bei den Mitarbeitern zu fördern und gleichermaßen eine Organisation aufzubauen, die diesen Dingen nachgeht und sie entsprechend dauerhaft verbessert. Sobald das „Schlüsselproblem" in dem beschriebenen Fall gelöst ist, stehen dort fast fünf Stunden für weitere Verbesserungen zur Verfügung.

Wer etwas verbessern will, muss sich Zeit nehmen und an den Ort des Geschehens gehen. Beobachten Sie dort, was passiert! Es wird nicht lange dauern, bis Ihnen etwas auffällt, das einfacher gelöst werden könnte.

Das Kaizen-Prinzip bedeutet also: Immer, wenn dir etwas auffällt oder du etwas erlebst, das nicht richtig zu sein scheint, suche nach Lösungen und stehe für diese ein. Zumindest der Versuch, etwas zu verbessern, – in Form einer Meldung – wäre absolut wünschenswert. Die Meldung kann ein Gespräch mit einem Kollegen oder dem Vorgesetzten sein oder die Nutzung alternativer Werkzeuge (wie z. B. die Problem-Ideen-Meldekarte; vgl. Kap. 7).

Wer Probleme finden möchte, die es zu lösen gilt, muss eigentlich nur vor Ort gehen und beobachten, was genau passiert. Noch einfacher ist es, Probleme aufzuzeigen, mit denen man selbst konfrontiert ist oder war. Immer dann, wenn sich ein oder mehrere Mitarbeiter ärgern, den Kopf schütteln, fluchen, hin und her laufen, ohne etwas zu bewegen, oder einen Materialstau entdecken, gehen Sie nicht weiter, sondern dem Problem auf den Grund.

3.3 Die Kaizen-Denkweise

Seien Sie bereit, herkömmliches Denken aufzugeben und stellen Sie die Dinge in Frage.

Beispiel
Nehmen wir an, ein Mitarbeiter sucht ein Betriebsmittel (Klebeband zum Verpacken, Ersatzriemen einer Maschine, Ersatztoner eines Druckers, Schlüssel etc.). Es gibt Plätze, wo derlei Verbrauchsmaterialien aufbewahrt werden sollten. Oft verfluchen wir die „letzte Person", die an diesem Schrank oder dem Regal war, und beschimpfen sie innerlich als „das Letzte" (impulsive Menschen tragen das auch durchaus nach außen).
In der Regel sucht der Mitarbeiter so lange, bis er das Betriebsmittel gefunden hat bzw. wendet sich fragend an einen oder mehrere Kollegen. Sobald es gefunden wurde, geht alles seinen normalen Gang. Denn während des Suchens hat sich die

eigentliche Arbeit oftmals angestaut, sodass jetzt keine Zeit bleibt, etwas gegen
die Unordnung zu unternehmen. Genau
hier gilt es anzusetzen.

Immer wenn der Mitarbeiter derlei Abweichungen vom Idealzustand – oder anders
ausgedrückt „Stress" – erlebt, sollte der
Zustand angezeigt (z. B. mittels Roter
Karte; vgl. Kap. 7) und dauerhaft geändert
werden.

Abb. 11: Feste Plätze, Sicherheitsbestand und Kanban vermeiden Fehl- und Doppelbestellung

Sollte ein Standardmaterial – und das sind die meisten – mal wieder nicht vorrätig
oder nicht zu finden sein, könnten folgende Fragen Maßnahmen einleiten:

1. Hat das Betriebsmittel einen festen und gekennzeichneten Platz?
2. Gibt es einen ausgewiesenen Sicherheitsbestand?
3. Funktioniert die Nachbeschaffung z. B. über einfachen Kanban (vgl. Kap. 11.8.1)?

3.4 Vereinbare Spielregeln, wo es noch keine gibt

Kennen Sie ein einziges Spiel auf dieser Welt, das ohne Spielregeln funktioniert?
Stellen Sie sich Fußball, Poker oder auch Mau-Mau ohne Regeln vor. Kein Spiel
der Welt kommt ohne Regeln aus. Das Gleiche gilt für das Zusammenleben und
Arbeiten von Menschen.

In vielen Unternehmen beschränken sich die offiziellen Spielregeln auf wenige
Ausnahmen (z. B. Zeiterfassung, Urlaubsantrag, Sicherheitsunterweisung, Quali-
tätsprüfungen). Jeder Mitarbeiter und auch die Führungskräfte erwarten von anderen, dass sie sich genauso verhalten, wie sie selbst es tun würden. Aber was
machen wir, wenn das gar nicht möglich ist, da wir unser eigenes Handeln je nach
Befindlichkeit ändern und darüber hinaus oft eine generell andere Sicht als andere
auf die Dinge haben? Ohne gemeinsame Spielregeln, die von den Mitspielern (den
Mitarbeitern und Führungskräften) gestaltet werden können, kann eine reibungslose Organisation dauerhaft nicht funktionieren.

In Unternehmen sind es in der Regel nur eine Handvoll Menschen, die auf die gleiche Sache (z. B. Materialien) zugreifen. Sobald diese Menschen oder ein Teil von ihnen gemeinsam Spielregeln entwickeln, ist ein Problem sehr wahrscheinlich dauerhaft erledigt. Ich bin mir sicher, dass der eine oder andere Leser sich bis hierhin schon Folgendes gefragt hat: „Woher sollen wir die Zeit dafür nehmen?"

Solange Sie die Probleme nicht lösen, nehmen Sie sich immer wieder Zeit, in der Sie sich erneut mit dem Problem beschäftigen. Im Ergebnis wird so deutlich mehr Zeit verschwendet. Durch die Lösung des Problems tauschen Sie, wie so oft, Investitionsaufwand gegen einen Benefit, der deutlich höher liegt als Ihr Einsatz. Wer nicht bereit ist zu investieren, darf auch nicht erwarten, etwas zu verbessern. In der Praxis kommt es oft zu Streitigkeiten und Missstimmungen unter Mitarbeitern. Der eine ist mit der Handlung des anderen nicht einverstanden. Besonders ärgerlich ist das, wenn beide sich nach einer Diskussion trennen und den anderen für unfähig halten. Anders ausgedrückt: Beide Mitarbeiter sind beleidigt und fühlen sich vom Gegenüber nicht verstanden.

Wenn es klare Spielregeln gibt, hat jeder die Möglichkeit, sich auf diese zu berufen. Diskussionen werden so deutlich einfacher und sachlicher. Ohne Spielregel ist jeder für sich der Meinung, er wäre im Recht. Verhaltensweisen von Menschen dauerhaft anzupassen, kann nur mit Spielregeln funktionieren. Es wird aber nicht ausbleiben, dass Spielregeln immer wieder gebrochen werden. Achten Sie daher unbedingt auf die Einhaltung der Spielregeln und kontrollieren Sie diese. Je geringer der Kontrollumfang ist, desto besser.

Beispiel
Situation vorher:
Auf dem Foto (vgl. Abb. 12) ist ein Rollwagen zu sehen, der sehr chaotisch war. Auf diesem lagen zahlreiche Produktmuster (eines Katalogproduzenten), Klebebänder, Abroller und diverse Kartons wahllos umher. Die Rollwagen wurden jeweils dann gesäubert, wenn die Produktmuster sich so hoch gestapelt hatten, dass sie herunterfielen. Das sah nicht nur unprofessionell aus, sondern führte gleichermaßen zu Suchaufwänden bei den Produktmustern.

Abb. 12: Chaotischer Rollwagen

Situation nachher:

Innerhalb des 5S-Workshops haben die vier Vor-Ort-Mitarbeiter Spielregeln festgelegt. Als Randbedingung hat der Abteilungsleiter die Aufbewahrung der Muster für eine Woche vorgegeben. Jedes Muster einer Produktion, die am Mittwoch läuft, wird in den Karton auf der Stellfläche „Mittwoch" abgelegt (vgl. Abb. 13). Am folgenden Mittwoch zum Beginn der Frühschicht wird der Inhalt des Kartons „Mittwoch" entsorgt. Durch die Spielregel, die Produkte dem jeweiligen Produktionstag zuzuordnen

Abb. 13: Markierung von Stellflächen

und darüber hinaus den weiteren Umgang zu regeln, schließt sich der Kreis und der neu geschaffene Zustand bleibt erhalten.

Beispiel

In diesem Beispiel haben sich die Mitarbeiter eines Schichtbetriebes darüber geärgert, dass insbesondere zum Schichtbeginn keine Kartons mehr vorhanden waren. Innerhalb des 5S-Workshops haben die Mitarbeiter gemeinsam die Spielregel verabredet, dass die Standardkartons beim Erreichen der roten Markierung wieder aufgefüllt werden müssen (vgl. Abb. 14).

Abb. 14: Anbringen einer Markierung zum Auffüllen der Standardkartons (vorher/nachher)

3.5 Denke in Kunden-Lieferanten-Beziehungen

Wenn ich Sie nach Ihren Kunden frage, werden Ihnen zahlreiche externe Unternehmen einfallen, die heute zufriedene Kunden von Ihnen sind. Es gibt aber noch weitere Kunden, die oftmals nicht als solche angesehen werden. Eines der größten Potenziale in Unternehmen liegt in der Verbesserung der abteilungsübergreifenden Zusammenarbeit. Auch der nächste Arbeitsschritt oder nächste Prozess im Unternehmen ist ein Kunde, und dem Kunden wird nur 100%ige Qualität geliefert.

Beispiele für wiederholende Prozessabweichungen bei abteilungsübergreifender Zusammenarbeit sind
- Auftragsdokumente mit fehlenden Informationen,
- nicht korrekt ausgeführte Arbeiten, die zu Nachbearbeitung führen,
- falsch abgestellte oder falsch gepackte Waren,
- falsche Lieferscheine,
- mangelnde Qualität und
- unnötige Rückfragen.

Allein die Berücksichtigung und Einhaltung der Kaizen-Denkweise würde wahrscheinlich etliche doppelte Arbeiten in Unternehmen reduzieren, die Qualität steigern und Kosten enorm senken. In der Regel werden die doppelten Arbeiten durch mangelnde Durchführung im vorgelagerten Prozess verursacht. Mit anderen Worten: Der vorgelagerte Prozess verursacht meist das Problem.

Es gibt Unternehmen, in denen sich Mitarbeiter permanent über die vorgelagerte Abteilung ärgern. Ärgern bringt nichts – die Devise lautet: sprechen, ändern und Änderungen kontrollieren. In vielen Unternehmen haben sich im Laufe der Zeit Inseln gebildet. Insulaner betrachten meist nur ihre Insel. Das führt in der Praxis z. B. dazu, dass die Abteilung Logistik fünf Minuten spart und die nachgelagerte Abteilung Produktion gegebenenfalls zehn Minuten länger braucht. Im Gesamtergebnis hat das Unternehmen fünf Minuten verloren.

Beispiel
Stellen Sie sich vor, Ihre Lieblingsmannschaft hat 3:4 verloren und der Stürmer Ihrer Mannschaft gibt freudestrahlend ein Interview, weil er drei Tore geschossen hat. Über die Gesamtleistung der Mannschaft würde er wahrscheinlich sehr niedergeschlagen sagen, dass es heute besser kein Gegentor gegeben hätte und der eigene Torwart den Ball in der 90. Minute ins gegnerische Tor stolpert. Schaffen Sie Inseldenken ab!

Halten Sie Mitarbeiter und Führungskräfte an, über den Tellerrand der eigenen Abteilung hinauszuschauen. Wo können Abläufe einfacher gestaltet werden?

Beispiel

Die Mitarbeiter eines Weiterverarbeitungsbetriebes ärgerten sich darüber, dass immer wieder bestimmte Informationen in den Aufträgen fehlten. In der Praxis liefen die Maschinenbediener dann entweder selbst zum zuständigen Sachbearbeiter oder haben ihren Schicht- bzw. Abteilungsleiter darüber informiert, mit der Bitte, die Informationen einzuholen. Dieses Spiel wiederholt sich ohne „Spielregel" immer wieder. Jede fehlende Information zum Start des Auftrages zieht sich durch den gesamten Prozess. Nach einer gewissen Zeit wird das Fehlen von substanziellen Informationen als „normal" angesehen.

Mögliche Lösung: Der Sachbearbeiter ist der Lieferant der Produktion. Wenn also der Lieferant seiner Pflichterfüllung nicht in Gänze nachkommt, sollten die Produktionsmitarbeiter nicht diejenigen sein, die den Informationen hinterherlaufen. Gemäß dem Motto „Regulierung des Problems durch den Verursacher" wurden in diesem Beispiel folgende Änderungen vorgenommen: Sobald eine Information in einem Auftrag fehlt, ruft der Maschinenführer den Sachbearbeiter direkt an und bittet ihn, zur Maschine zu kommen, um zunächst das Problem zu sichten und dann gegebenenfalls den Auftrag mitzunehmen und die Information zeitnah einzuholen.

Jedes Mal, wenn jetzt der Sachbearbeiter in die Produktion läuft, ist im Prozess etwas schiefgelaufen. Keiner hält ein solches Prozedere lange durch. Es geht nicht darum, dem Sachbearbeiter aufzuzeigen, dass er mangelhaft arbeitet. Aber wenn Sie mit dem Auto auf der Straße geblitzt werden und jemand anderes bezahlt Ihre Strafe, werden Sie Ihr Verhalten auch nicht ändern. Gleichermaßen gilt es, den Sachbearbeiter bei der Verbesserung seiner Arbeit zu unterstützen und zu ergründen, warum es immer wieder zu fehlenden Informationen kommt.

Zum Teil wird dieses Themenfeld so komplex sein, dass Sie an der einen oder anderen Stelle mit Ihren Kunden sprechen müssen (Supply Chain).

Beispiel

Ein metallverarbeitender Betrieb gibt vor, dass die Einkaufskosten deutlich geringer ausfallen sollen. Mit dieser Marschrichtung schafft es der Einkäufer, das Material um 20 % günstiger einzukaufen. Seit der Umstellung auf das neue Material verlängern sich die Rüstzeiten je Anlage jedoch um ca. zehn Minuten. Bei fünf Anlagen gleicher Art und einem Rüstvorgang pro Tag bedeutet das 50 Minuten zusätzlicher Rüstaufwand. Dazu kommen weitere Probleme bei der Laufgeschwindigkeit. In der Summe wurden pro Tag 120 Minuten höhere Prozesszeiten verursacht.

In diesem Beispiel wurde nur die monetäre Seite der Einkaufskosten betrachtet. Im Ergebnis brachte der Tausch des Materials ein Minus in Höhe von 130.000 € pro Jahr ein. Darüber hinaus waren die Bediener der Maschine extrem frustriert, da die Kollegen direkt nach dem Testen des Materials davon abgeraten hatten.

Nach sechs Monaten der Umstellung wurde neben den Kosten auch der Nutzen betrachtet und wieder auf das alte Material umgestellt.

3.6   Eine 10%ige Sofortlösung ist besser als die 100%ige Lösung, die nicht umgesetzt wird

Der Mensch ist in vielerlei Hinsicht Perfektionist, ohne es zu bemerken. Bei Problemen – das Wort Herausforderungen wäre angebrachter – suchen wir oft nach der 100%igen Lösung. Diese ist in der Praxis meistens kostenintensiv und langwierig in der Umsetzung. Bei der Betrachtung von Lösungen ist es aus meiner Erfahrung heraus sinnvoller, sich auf die 10%ige Sofortlösung, die sich zeitnah umsetzen lässt und nur wenige Handgriffe erfordert, zu konzentrieren. Die übrigen 90 % können Sie im Nachgang lösen bzw. seien Sie auch zufrieden, wenn es Herausforderungen gibt, die Sie nur zu 50 % meistern. Eine 50 %ige Verbesserung ist deutlich mehr als gar keine Verbesserung! Denken Sie in einfachen Schritten und handeln Sie entsprechend! Ideen und Diskussionen sind wichtig, aber den wahren Erfolg bringt nur das (überlegte) Anpacken und Handeln mit sich.

3.7   Bekämpfe die Ursachen, nicht die Symptome

Beispiel
Stellen Sie sich vor, Sie haben Schnupfen und man gibt Ihnen ein Taschentuch. Ist der Schnupfen dann weg? Sie kennen die Antwort. Wärmere Kleidung, eine ausgewogene Ernährung, Mitmenschen den Handschlag verweigern, in der Öffentlichkeit nichts anfassen etc. wären Maßnahmen, wie Sie präventiv gegen einen Schnupfen vorgehen könnten. Doch anstatt sich die Zeit zu nehmen, präventive Maßnahmen durchzuführen, plagen wir uns immer wieder mit dem Schnupfen herum und achten darauf, genügend Taschentücher zur Hand zu haben, damit ist das Problem ja quasi auch gelöst.

Beispiel

Eine Stellfläche in der Produktion, die nicht belegt werden darf, wird mit einer Palette zugestellt. Nehmen wir an, dieser Vorgang passiert das erste Mal. Sehr wahrscheinlich werden sich die Mitarbeiter und/oder der Vorgesetzte daran stoßen und jemanden bitten, die Palette woanders hinzufahren. Drei bis 90 Tage später steht die gleiche Palette wieder an dem Ort, an dem nichts stehen soll. Je häufiger sich dieser Vorgang wiederholt, desto schneller resignieren die Beteiligten und irgendwann heißt es: „Die Mitarbeiter sind einfach nicht in der Lage, die Sachen richtig abzustellen."

Abb. 15: Stellplatzvorgabe durch den „Kunden" Produktion inklusive Vorgabe der maximalen Anzahl von Paletten

Solange es nicht zumindest im Ansatz (100 % aller Flächen zu kennzeichnen ist in der Praxis nicht immer möglich) ein Flächenkonzept mit sinnvoller Gestaltung und Kennzeichnung gibt (man könnte auch sagen Spielregeln), wird es immer wieder vorkommen, dass sich Mitarbeiter auf der Suche nach einem Abstellort genau den falschen aussuchen. Gäbe es für die Palette einen festen Stellplatz (vgl. Abb. 15), müsste sich niemand über die falsche Belegung ärgern und es wäre eine doppelte Arbeit weniger zu erledigen. In solchen Momenten ist man geneigt, an die 100 %ige Lösung zu denken.

Doch gerade das Beispiel der Flächenkennzeichnungen birgt besonders viel Konfliktpotenzial unter den Mitarbeitern. Denn in der Praxis gibt es viele Stellen, an denen eine ganz eindeutige und klare Kennzeichnung nur mit hohem Aufwand umzusetzen ist. Auch hier lautet die Devise: „Eine kleine Lösung ist besser als gar keine Lösung!"

Ein weiterer Vorteil einer festen Spielregel ist die Tatsache, dass Sie sich bei Kritik am Verhalten des Mitarbeiters auf etwas Offizielles beziehen können – etwas, woran der Mitarbeiter vielleicht sogar mitgewirkt hat. Klare Verhaltensregeln bedeuten für den Umgang miteinander etwas ganz anderes, als wenn Mitarbeiter für etwas kritisiert werden, wofür es keine klaren Regeln gab.

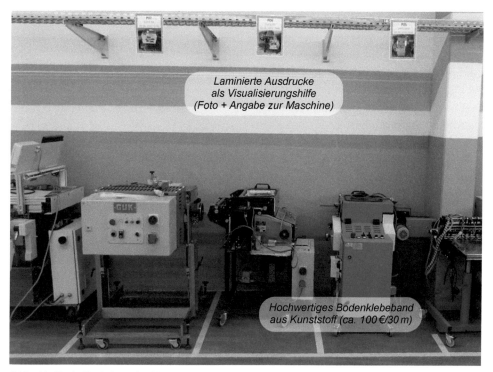

Laminierte Ausdrucke
als Visualisierungshilfe
(Foto + Angabe zur Maschine)

Hochwertiges Bodenklebeband
aus Kunststoff (ca. 100 €/30 m)

Abb. 16: Feste Parkplätze für Maschinenteile

3.8   Benenne einen Kümmerer

Die Voraussetzungen für die Einführung von 5S und die Kaizen-Philosophie sind nicht allzu umfangreich. In erster Linie ist es entscheidend, dass der jeweilige Inhaber des Unternehmens hinter einer Veränderung steht und auch bereit ist, sich selbst und sein Handeln zu hinterfragen. Die Einführung von 5S ist eine Veränderung für alle Beteiligten – sowohl für die Mitarbeiter als auch für die Führung. Jeder muss seinen Teil dazu beitragen und darf nicht nur vom Gegenüber eine Änderung des Verhaltens verlangen. Neben der geistigen und kapazitativen Unterstützung der Geschäftsführung ist es wichtig, einen „Kümmerer" für das Thema zu benennen. Der Kümmerer ist jemand, der vor Ort die Augen und Ohren für jegliche Prozesse offenhält und den Mitarbeitern mit Rat und Tat zur Seite steht. Der Kümmerer ist Anwalt der Sache und tritt als solcher auch auf.

Wer kann der Kümmerer sein?

Ein Kümmerer sollte jemand sein, der gut kommunizieren kann und nach Möglichkeit einer Stabsstelle zugeordnet ist. Die Stabsstelle, die direkt der Geschäftsführung untergeordnet sein sollte, dient der Zielkonfliktvermeidung. Der Assistent der Produktionsleitung wird es z. B. schwer haben, Anwalt der Sache gegenüber seinem direkten Vorgesetzten zu sein.

Muss der Kümmerer Vollzeit abgestellt werden?

Halten Sie es so, wie Sie es können. Eine Lösung, bei der Sie einen Mitarbeiter zu 20 oder 30 % abstellen, ist besser als gar keine Lösung. Je nach Größe Ihres Betriebes macht es Sinn, eine Vollzeitstelle zu schaffen, die Sie nach Zielerreichung wieder reduzieren können.

Was machen Sie, wenn die Kapazitäten so eng sind, dass sich niemand finden lässt?

In der Praxis kommt es durchaus vor, dass Auszubildende die Funktion übernehmen können, sofern diese die richtigen Voraussetzungen mitbringen (Durchsetzungsvermögen, Kommunikationsstärke etc.). Ohne Kümmerer geht es nicht und selbst eine geringe Kapazität ist besser als gar keine. Der Kümmerer wird langfristig zum 5S-Experten Ihres Unternehmens.

3.9   Kaizen hat kein Ende

Je nachdem wie begeistert Sie jetzt schon von Kaizen sind, habe ich gute oder schlechte Nachrichten für Sie. Kaizen hat kein Ende! Stellen Sie sich vor, Ihr „CEO" stellt sich auf der Betriebsversammlung hin und sagt: „Ab heute stellen wir den gesunden Menschenverstand wieder ein." Je nach Unternehmensgröße und Intensität, mit der Ihr Unternehmen die Sache angeht, werden Sie einige Zeit für den Erstaufbau benötigen. Bei der 5S-Methode als Beispiel gilt es, dann die neu geschaffene Ordnung und Struktur beizubehalten und wenn möglich sinnvoll weiter zu verbessern.

Kaizen bzw. Lean Management hat einen Beginn, jedoch niemals ein wirkliches Ende, insbesondere nicht im Zeitalter des permanenten Wandels.

4   Warum machen Veränderungen für Ihr Unternehmen Sinn?

Die Einführung von Veränderungen ist bedeutend einfacher, wenn die Beteiligten den Sinn dahinter erkennen. Die folgenden Themenfelder bieten Ihnen einen ersten Überblick über konkrete Ansatzpunkte, die es zu verfolgen gilt. Diese Ansatzpunkte oder auch Ziele decken sich an vielen Stellen mit den Bedürfnissen der Mitarbeiter. Es ist also möglich, den Bedürfnissen des Mitarbeiters gerecht zu werden und dabei gleichermaßen produktiver und erfolgreicher zu sein!

4.1   Reduktion von Stress am Arbeitsplatz

Suchen, Warten, Fragen, Defekte sowie fehlende Informationen, Ersatzteile und Betriebsmittel führen zu einem enormen Stress bei Mitarbeitern. Je höher der Stresspegel am Arbeitsplatz ist, desto geringer ist sowohl die Produktivität als auch die allgemeine Zufriedenheit der Beteiligten. Stress macht Menschen langfristig krank und führt zu einer starken Abnahme der Motivation.

4.2   Vermeidung von sinnfreien Arbeiten und Verschwendungen

Zeit ist ein kostbares Gut bei der Arbeit und die Abarbeitung der Vielzahl von Aufgaben kann sich wie ein Marathon in einem Hamsterrad anfühlen. Insbesondere ist es frustrierend, wenn eine Arbeit nicht korrekt ausgeführt wurde, sodass letztendlich die doppelte Arbeit anfällt. In der Praxis gibt es vielfältige Gründe für Mehrarbeit, sei es, dass sich der Kundenwunsch hinsichtlich der Verpackung geändert hat (was natürlich erst nach dem Verpacken auffällt) oder dass Listen um bestimmte Informationen erweitert werden sollten und im Nachgang ein zweites Mal bearbeitet werden müssen. Oder es fällt auf, dass der vorgelagerte Prozess der Produktion nicht sauber gearbeitet hat und somit eine Nacharbeit notwendig ist.

Beispiel
In einem Unternehmen informierte ein Monteur für Maschinenteile die Konstruktionsabteilung bereits drei Mal, dass die Kabellänge geändert werden muss; dies ist aber nicht geschehen und der Mitarbeiter musste aufwendig nacharbeiten (30 Minuten Zeitverlust bei ca. 30 Vorgängen im Jahr nur bei diesem Bauteil). In diesem Unternehmen sind ca. 10 % aller Stücklisten fehlerhaft. Auf meine Frage, was man dagegen tun würde, bekam ich die folgende Antwort: „Nichts! Das ist nicht zu ändern!".

Jeder Mensch versucht auf seine eigene Weise mit Problemen umzugehen. Bei den meisten sieht dies jedoch wie folgt aus: Sie ertragen den problematischen Zustand und korrigieren ihn gegebenenfalls ein ganzes Arbeitsleben lang immer und immer wieder. Im Ergebnis stumpft der Mensch ab und erträgt bestimmte Prozesse einfach nur noch (das gilt nicht pauschal für die gesamte Arbeit). Ein solches Verhalten ist weder aus wirtschaftlicher noch aus sozialer Sicht sinnvoll. Menschen wollen, dass die Dinge einfach sind. Alles was einfach und gut läuft, ist auch erfolgreich.

Beispiel
Im Sport gibt es deutliche Parallelen zum Arbeitsleben. Selbst eine Mannschaft aus der dritten Kreisklasse ist niedergeschlagen, wenn sie beim Derby gegen den Dorfverein aus der Nachbarschaft eine Niederlage einsteckt. Nur wenn man erfolgreich ist, macht es Freude. Aber auch Niederlagen können zu etwas nützlich sein und zwar dann, wenn man aus ihnen etwas lernen kann. Beim Sport ist das in der Regel der Fall, wenn man gegen einen deutlich besseren Gegner knapp verloren hat. Würde ich 6:7/6:7 gegen Roger Federer im Tennis verlieren, wäre ich wahrscheinlich sehr glücklich.

4.3 Verbesserung der Arbeitssituation der Mitarbeiter durch aktive Beteiligung am Unternehmensgeschehen

Eine Kernaufgabe in meinen Schulungen und Workshops ist es, die Mitarbeiter zu motivieren, sich aktiv am Unternehmensgeschehen zu beteiligen und dieses selbst mitzugestalten. Dieses Unterfangen hört sich in der Theorie einfacher an, als ich es in der praktischen Arbeit erlebt habe. Die mangelnde Beteiligung der Mitarbeiter kann die unterschiedlichsten Gründe haben. Führungskräfte neigen dazu, dies der mangelnden Motivation der Mitarbeiter zuzuschreiben.

Einer der Hauptgründe mangelnder Beteiligung ist eine fehlende Kultur der Beteiligung. So mancher Mitarbeiter hat – manchmal fälschlicherweise – das Gefühl, dass er nicht gehört wird und er eigentlich nur Mittel zum Zweck ist („notwendiges Kostenübel" hat das ein Mitarbeiter mir gegenüber einmal formuliert).

Die Mitarbeiter sind oft der Meinung, dass Verbesserungsvorschläge von „oben" kommen müssen und sie selbst nur „einfache, unwichtige" Mitarbeiter sind. Nun stellen Sie sich bitte vor, was Sie in Ihrem Unternehmen mit einem „unwichtigen" Mitarbeiter machen würden? Richtig, Sie würden ihn entlassen. Demnach ist doch jeder Mitarbeiter eines Unternehmens auch wichtig und wer wichtig ist, kann auch etwas bewirken. Niemand kennt einen Arbeitsplatz besser als der Mitarbeiter selbst. Jeder jeweilige Mitarbeiter ist eingeladen, seine Ideen im Unternehmen einzubringen, Ideen, von denen auch Kollegen aus anderen Bereichen profitieren. Es macht unglaublich stolz, eine Idee zu verwirklichen, die nicht nur umgesetzt, sondern vielleicht auch noch an mehreren anderen Stellen im Unternehmen übernommen wird. Jeder Mitarbeiter, der das schon einmal erlebt hat, wird motiviert, weiterzumachen und nach Vereinfachungen zu suchen.

Beispiel
Die Mitarbeiterin eines produzierenden Unternehmens (Hilfskraft) ärgerte sich darüber, dass Sie mit den Aufsätzen des Staubsaugers nicht an alle Maschinenteile herankommen konnte. Ihre Idee war es, einfache Staubwedel zu benutzen, die dafür sorgen, dass der Staub auf den Boden fällt und anschließend weggesaugt werden kann. Die Mitarbeiterin wurde daraufhin gebeten, beim Einkaufen einige Exemplare zu Testzwecken mitzubringen. Nach erfolgtem Testlauf und der entsprechenden Begeisterung der Kollegen wurden die Staubwedel in der ganzen Firma an sämtlichen Maschinen bereitgestellt und genutzt. Immer wenn nun ein Mitarbeiter den Staubwedel benutzt, ist die Mitarbeiterin ziemlich stolz auf ihre Idee, die im gesamten Unternehmen umgesetzt wurde.

4.4 Erhöhung der Mitarbeitermotivation und Schaffen eines optimalen Betriebsklimas

Die Möglichkeit der unmittelbaren Beteiligung am Unternehmensgeschehen führt zu einer signifikanten Steigerung der Verbundenheit des Mitarbeiters mit dem Unternehmen. Nicht nur die Motivation erfährt eine deutliche Steigerung, gleichermaßen gewinnen Prozesse und Abläufe enorm an Stabilität. Der Grund hierfür ist relativ einfach. In dem Moment, in dem die betroffenen Mitarbeiter sich inhaltlich wieder mehr engagieren und einbringen, werden Schwachstellen abgebaut und es läuft einfach runder. Und selbstverständlich ist es gut, wenn es rund läuft!

In zahlreichen wissenschaftlichen Studien wurden nachhaltige und durchschlagende Ergebnisse im Hinblick auf Motivation und Verbundenheit im Zusammenhang mit stark ausgeprägter Mitarbeiterbeteiligung nachgewiesen (vgl. Zink, K. J. (2007): Mitarbeiterbeteiligung bei Verbesserungs- und Veränderungsprozessen. Basiswissen, Instrumente, Fallstudien. München).

Motivation begreift jeder als wichtiges Instrument. Die Frage, die wir uns stellen müssen, ist nicht primär „Warum sind viele Mitarbeiter nicht sonderlich motiviert?", sondern „Wie gelingt die Motivation in unserem Unternehmen?". Neben aktiver

Beteiligung ist es für Menschen wichtig, einen Sinn in einer Tätigkeit oder einem Vorgang zu sehen. Ist dies nicht gegeben, verrichtet der Mitarbeiter die Tätigkeit, weil er muss. Diese Art der Handlungsmotivation ist nicht zielführend. Der Mensch unterliegt einer permanenten Selbstoptimierung, und wenn wir etwas machen, ohne einen Sinn dahinter zu erkennen oder weil wir es machen müssen, machen wir es zum einen nicht gut und zum anderen nicht auf Dauer.

Der heutige Berufsalltag ist an vielen Stellen davon geprägt, tagtäglich die gleichen Dinge zu tun. Je niedriger die Stellung im Unternehmen ist, desto eintöniger sind auch die damit verbundenen Tätigkeiten. Es ist nun einmal so, dass nicht alle Menschen „Häuptlinge" sein können, sondern es auch zahlreicher wichtiger „Indianer" bedarf.

Durch die Einführung einer Philosophie der Beteiligung der Mitarbeiter hat jeder Mitarbeiter die Möglichkeit, mehr als nur seinen Job zu machen. Das Gefühl der Wertschätzung („Wertschöpfung durch Wertschätzung") und Verbundenheit ist nicht nur ein sehr schönes Gefühl, sondern führt gleichermaßen zu zahlreichen Nebeneffekten (geringere Krankenstände, bessere Arbeitsqualität etc.).

Den Blickwinkel erweitern – auf dem Weg zur Sinnhaftigkeit
Bei einem Automobilzulieferer wurde ein Mitarbeiter nach seiner Aufgabe im Unternehmen gefragt. „Ich packe Bremsen in einen Karton", war seine Antwort. Die Bremsen seines Unternehmens werden unter anderem von Porsche verbaut, weshalb der Mitarbeiter auch hätte sagen können: „Ich arbeite an einem Porsche!". Leider hat ihm das so niemand aufgezeigt. Nach einer Änderung der Perspektive hatte er ein anderes Bild von der Bedeutung seiner Arbeit.

Die Einführung der 5S-Methode und von Lean Management im Allgemeinen führt dazu, dass der Mitarbeiter größere Kontrolle erhält. Eine vom Mitarbeiter wahrgenommene Kontrollfunktion im Arbeitsumfeld stellt eine wichtige Variable der Mitarbeiterzufriedenheit dar. Darüber hinaus reduziert eine hohe wahrgenommene Kontrolle das Stressempfinden und erhöht gleichermaßen die Identifikation (commitment) mit dem Arbeitgeber (vgl. Spector, P. E. (1986): Perceived Control by Employees. A Meta-Analysis of Studies Concerning Autonomy and Participation at Work. In: Human Relations, 39. Jg., 1986, H. 11, S. 1005–1016).

4.5 Positive Werbung durch Ordnung, Struktur und Sauberkeit

Beim Besuch von Kunden wollen Sie Ihr Unternehmen sicher von seiner besten Seite zeigen. Je wichtiger der Kunde ist, desto mehr Wert legen Sie darauf, Ihren Betrieb sauber und ordentlich präsentieren zu können. Es ist ein sehr erhebendes Gefühl, wenn Sie z. B. für die neu geschaffenen Strukturen und die transparenten Abläufe direkt vor Ort von Ihrem Kunden gelobt werden.

Sie werden sich nach der Einführung der 5S-Methode daran gewöhnen müssen, dass Kunden gerne Fotos bei Ihnen machen, um diese den eigenen Führungskräften zu zeigen. Ein positives Bild ist wichtig für die Geschäftsbeziehung. Bei einer Kunden-Lieferanten-Beziehung geht es unter anderem um Vertrauen. Der Kunde muss sicher sein, dass sein Lieferant nicht nur kostengünstig ist, sondern auch termingerecht in der gewünschten Qualität liefern kann. Liegen nun zwei Konkurrenten beim Angebot preisgleich, wird derjenige den Auftrag bekommen, dem der Kunde mehr vertraut.

Die Umsetzung der Kaizen-Philosophie mit ihren Werkzeugen macht nicht nur die Kunden glücklich. Unternehmen, die langfristig Mitarbeiter an sich binden wollen, müssen auch etwas für die Mitarbeiter tun, um diese zu halten. Ein Arbeitsplatz mit optimalen Bedingungen und einer dauerhaft verlässlichen Struktur ist ein sehr guter Werbeträger für Ihren Betrieb. Im Zuge des anhaltenden Fachkräftemangels werden sich Unternehmen zukünftig stärker um Arbeitskräfte bemühen müssen. Mitarbeiter, die die Möglichkeit haben sich einzubringen und deren Unternehmen über eine gute Struktur verfügt, werden sich bei ihren Bekannten und Verwandten positiv über ihren Arbeitsplatz äußern und damit für ihn werben. Die Konkurrenten auf dem Arbeitsmarkt sind heute nicht nur Mitbewerber, sondern auch konkurrierende Arbeitgeber, die ihren Mitarbeitern zum Teil sehr attraktive Bedingungen anbieten.

Beispiel
In einem meiner Trainings habe ich einmal gefragt, wer seiner Verwandtschaft die Bewerbung in diesem Unternehmen empfehlen würde. Keiner der zwölf Teilnehmer hob die Hand. Ich habe die Gruppe fünf Monate später erneut getroffen und die gleiche Frage gestellt. Von den zwölf Mitarbeitern gaben nach fünf Monaten aktiver Veränderung alle zwölf an, dass sie eine Bewerbung empfehlen würden!

Menschen unterhalten sich auch außerhalb der Arbeitsstätte über ihren Arbeitsplatz. Je besser die Darstellung nach außen ist, desto höher wird Ihre Bewerberquote in der Zukunft sein.

4.6 Realisierungen von Einsparmöglichkeiten mithilfe der Mitarbeiter

Wir brauchen gar nicht lange um den heißen Brei herumzureden. Natürlich geht es bei der Einführung der Kaizen-Philosophie auch darum, wirtschaftlicher zu arbeiten und effizienter zu werden.

Lean Management, Kaizen, KVP oder wie auch immer Sie es nennen wollen, ist im Wesentlichen eine Einstellungssache, eine Geisteshaltung. In dem Moment, in dem wir es schaffen, dass die Mitarbeiter und die Organisation die Abweichungen von der Ideallinie erkennen (weil sie sie nicht mehr als normal ansehen), Maßnahmen definieren, sie umsetzen und deren Wirksamkeit kontrollieren, werden sie nicht nur deutlich besser zusammenarbeiten, sondern auch gleichermaßen die Wertschöpfung Ihres Unternehmens enorm steigern.

Das Thema Geld ist in Unternehmen ein wichtiger Faktor. Nicht nur das Unternehmen selbst, sondern auch die Mitarbeiter, vor allem im Bereich Produktion und Logistik, würden gern mehr verdienen. In diesen beiden Bereichen sind viele Mitarbeiter der Meinung, unterbezahlt zu sein. Die Einführung der Kaizen-Philosophie, Lean oder ml+/5S-Methode wird Ihr Unternehmen wirtschaftlich erfolgreicher werden lassen. Treffen Sie mit den Mitarbeitern eine Vereinbarung und zeigen Sie ihnen eine Perspektive auf, wie auch sie an den Mehreinnahmen partizipieren können.

Erfolgreiche Unternehmen stellen Probleme dauerhaft ab und lernen aus Fehlern. Schaffen Sie eine Organisation und Kultur, in der das Abstellen von Problemen eine hohe Priorität hat. Unternehmen, die es schaffen, dass die Mitarbeiter wiederholende Abweichungen vom gewünschten Optimum nicht mehr akzeptieren, und zudem eine Organisation installieren, die sich nachhaltig um die Abarbeitung kümmert, werden langfristig erfolgreich sein.

Im Zuge der Einführung der 5S-Methode ergeben sich zahlreiche Faktoren, die zu einer Verbesserung der Produktivität führen. Erfahrungen in der Praxis legen nahe, dass jeder Mitarbeiter aus den Produktionsbereichen einen erhöhten Such- und Zugriffsaufwand von mindestens 15 Minuten pro Tag hat, der durch eine bessere Organisation eingespart werden könnte.

Grundlage für diese Aussagen sind eigene Erhebungen in Form von Multimoment-
aufnahmen (MTM) und Mitarbeiterbefragungen (MAB) bei mehr als 300 Mitarbeitern unterschiedlicher Produktionsbetriebe und Branchen. Zum Teil ergeben sich
hier Spitzenwerte für Such- und Zugriffprozesse von über einer Stunde pro Tag.

Beispielhafte Berechnung auf Grundlage eines Unternehmens mit 100 Mitarbeitern
in der Produktion. Dabei wurden die maschinellen Ausfälle nicht betrachtet.

Berechnung: 100 Mitarbeiter x 15 Minuten Suchzeit pro Jahr x 220 Arbeitstage
Ergebnis: 5.500 Stunden Einsparpotenzial x 35€ Stundenfaktor (AG)
Gesamtsumme Such- & Zugriffszeiten: 192.500€

Teil B

Kommunikation im Unternehmen

5 Teamarbeit und Mitarbeiterbeteiligung

Gemeinsam ist alles einfacher. Dieses Prinzip ist allgemein bekannt, wird in der Praxis jedoch selten gelebt. Nur wenige Unternehmen gestalten Teamarbeit aktiv.

5.1 Nur gemeinsam ist Veränderung auch von Dauer

Verbesserung bedingt Teamarbeit:

T = Toll,
E = Ein
A = Anderer
M = Macht's!

Leider wird dieses Motto oft unter Teamarbeit verstanden. Ich möchte hier nun darauf eingehen, wie wichtig die Beteiligung der Mitarbeiter ist. Das Thema Ordnung und Struktur, das alle unmittelbar an ihren Arbeitsplätzen betrifft, eignet sich gut, um die Mitarbeiter wieder einzusammeln und zu motivieren, sich am Unternehmensgeschehen zu beteiligen. Mit anderen Worten, leiten Sie die Stunde Null ein, um die eventuell seit Jahrzehnten gewachsenen Strukturen im Unternehmen professionell auf Ihre Bedürfnisse anzupassen. Mitarbeiter versuchen von sich aus, Ordnung und Struktur einigermaßen einzuhalten – der eine mehr, der andere weniger. Im Alltag sieht das dann oft so aus, dass Mitarbeiter z. B. an einer Produktionsanlage bestimmte Werkzeuge an bestimmte Stellen legen. Ist dies mit anderen Kollegen nicht abgestimmt, kann es leicht passieren, dass die Werkzeuge „verlegt" werden oder auf wundersame Weise „verschwinden". Vielleicht kennen Sie den Ausdruck „hier klaut man mir das Werkzeug unterm Hintern weg". Das eigentliche Problem ist meist, dass ausgeliehene Dinge nicht wieder zurückgegeben werden.

Wenn Sie sich in einem Arbeitsbereich befinden, auf den mehr als drei Menschen Zugriff haben, bedarf es einer Methodik, um dauerhafte Ordnung und Struktur sicherzustellen, da ansonsten Ärger vorprogrammiert ist. Aus diesem Grund ist es wichtig, dass die Mitarbeiter an der Umsetzung der Veränderungsprozesse (vgl. Kap. 5) beteiligt und veranlasst werden, sich als Kollegen untereinander abzustimmen und gemeinsam die Spielregeln festzulegen. So erzielen Sie nicht nur das beste Ergebnis, son-

Abb. 17: Teamarbeit bedeutet, an einem Strang zu ziehen

dern auch das mit dem längsten Bestand. Ein schöner Nebeneffekt ist übrigens die Tatsache, dass Kollegen, die zusammen in einem 5S-Workshop arbeiten, näher zusammenrücken. Viele Kollegen – insbesondere bei Schichtbetrieben – kennen einander überhaupt nicht, gleichwohl Sie an der gleichen Sache arbeiten. Ein Austausch der Kollegen innerhalb des Workshops verbessert nicht nur das 5S-Ergebnis, sondern auch die generelle Harmonie untereinander.

5.2   Grundregel: Verbesserung ist einfach und im Wesentlichen Kopfsache!

Neben der Unterstützung des Inhabers sind die Führungskräfte und Mitarbeiter die wichtigsten Stellgrößen im Unternehmen. Die größte Hürde haben dabei die Führungskräfte zu überwinden. Je nach gelebtem Führungsstil werden sie ihr Verhalten an der einen oder anderen Stelle anpassen müssen. Insbesondere Kompetenzen und die Entscheidungsmacht abzutreten, fällt vielen Vorgesetzten schwer. Obwohl die meisten über Zeitmangel klagen, nehmen nur wenige Hilfestellungen von den Mitarbeitern an bzw. nutzen die Möglichkeit, Aufgaben an Mitarbeiter zu delegieren. Meist liegt das daran, dass der Versuch etwas abzugeben in der Praxis schon einmal gescheitert ist. „Dann mache ich es lieber selbst!" ist oft der fatale Schluss aus diesem Scheitern. Zudem glauben viele Vorgesetzte, sie müssten alles bestimmen und vorgeben. Jede Entscheidung muss über ihren Tisch gehen. Das frisst nicht nur viel Zeit, sondern verlangsamt Änderungsprozesse bzw. erstickt diese an vielen Stellen schon in der Entstehung.

Abb. 18: Wer **nicht will**, der findet **Gründe!** Wer **will**, der findet **Wege!**

Dabei wäre es so leicht, etwas zu verändern, denn jeder Mensch befürwortet einen einfachen, unkomplizierten Arbeitsfluss. Es bedarf also im Wesentlichen nur der Organisation und dem Willen, etwas zu verändern. Kennen Sie das: Sie haben eine Idee und derjenige, dem Sie davon erzählen, sagt Ihnen nur, dass es nicht geht?! Warum es nicht geht und was getan werden kann, damit es funktioniert, wird nicht betrachtet – ganz nach dem Motto „Das war schon immer so! Warum sollten wir es ändern?". Jeder hat diesen Satz wahrscheinlich schon gehört und die meisten von uns sogar schon selbst gesagt. Woran liegt das? Unser Verhalten unterliegt auch bei der Arbeit bestimmten Mustern. Ein Verhaltensmuster, aus dem heraus wir Aussagen treffen, ist unsere aktuelle Befindlichkeit. Dazu möchte ich Ihnen ein Beispiel aus der Praxis geben.

Beispiel
Der Maschinenführer Peter, der an einer „Einschweißlinie für Produkte" arbeitete, ärgerte sich über die permanenten Laufwege, die er wegen diverser Ausdrucke von Dokumenten zurücklegen musste. Da seine Maschine nicht mit dem dafür vorgesehenen Equipment (Drucker und PC) ausgestattet war, musste der Maschinenführer pro Schicht ca. 15 Mal seine Maschine verlassen, um an der Nachbarmaschine auszudrucken (ca. 10 Meter entfernt), und stand nicht an seiner Maschine, wenn Störungen auftraten. Eines Tages kam ihm die Idee, dass man die Laufwege reduzieren könnte, wenn man nur einen PC und Drucker anschaffen würde. Diese Idee teilte Peter dem zuständigen Vorgesetzten mit. Dieser entgegnete, dass die Idee nett, jedoch nicht umsetzbar sei, da es rund um die Maschine keine Datenleitungen gäbe. Mit dieser Antwort ist Peter frustriert gegangen. Sein Vorgesetzter wäre aber auch genau derjenige gewesen, der die Leitung hätte verlegen und das Equipment hätte beschaffen und aufbauen müssen. Da dieser jedoch generell deutlich überlastet war, konnte er sich des Anliegens nicht annehmen. Der wahre Grund lag in diesem Fall also woanders!

So manche Entscheidung wird aus Folgegründen, z. B. zusätzlicher Arbeitsbelastung, vorschnell nicht getroffen. Gute Organisationen und Unternehmen wachsen an genau dieser Aufgabenstellung: Erst nach Lösungen suchen und dann die damit verbundenen Probleme lösen! Die dauerhafte Lösung eines Problems wird in der Regel zahlreiche weitere Problemstellungen mit sich bringen. Es ist wie immer im Leben: „Von nichts kommt nichts!". Denken Sie an den Bau eines Hauses oder einen Umzug. Es klappt selten so einfach wie gedacht.

„Wenn es einen Weg gibt, etwas besser zu machen: Finde ihn!"

Thomas Alva Edison

6   Kommunikation – ungenutztes Potenzial erschließen

Viele Aufgaben scheitern an fehlender einfacher, klarer und zielgerichteter Kommunikation. Der größte Fehler ist es, gar nicht zu kommunizieren. Durch die unterschiedlichen Aufgaben und Arbeitsstrukturen in Unternehmen, z. B. von Führungskräften, Angestellten und operativen Mitarbeitern, die örtlich voneinander getrennt sind, stellen sich zahlreiche Herausforderungen im Alltag.

Beispiel

Ein Maschinenführer ist am Freitag nach der Schicht nach Hause gegangen und hat am Montag eine neue Maschine an seinem Arbeitsplatz vorgefunden. Wie so oft ist der Mitarbeiter in dem Unternehmen nicht von der Neuanschaffung unterrichtet und schon gar nicht an der Entscheidung beteiligt worden. In diesem Fall stellte sich die mangelnde Beteiligung des Vor-Ort-Experten als sehr teures Vorhaben heraus. Der Maschinenführer und auch seine Kollegen brauchten genau drei Minuten um zu erkennen, dass ein Maschinenteil (die sogenannte Auslage) zur falschen Richtung hin ausläuft. Dieser Fehler war so gravierend, dass der Maschinenhersteller gebeten wurde, die Ausfuhr von links nach rechts auslaufend umzubauen. Die 20.000 € Umbaukosten hätte man sich sparen können, wenn man den Mitarbeiter zu Rate gezogen hätte und daraufhin direkt die richtige Seite gewählt hätte.

In der Regel werden Veränderungen wie z. B. neue Technik oder auch interne Umzüge nur durch die Führungskräfte, die Arbeitsvorbereitung und gegebenenfalls noch durch die Technikverantwortlichen durchgeführt. Aus eigener Erfahrung kann ich Ihnen empfehlen, die Mitarbeiter vor Ort an derlei Prozessen zu beteiligen. Es ist nicht nur ein schönes Gefühl für den Mitarbeiter, auch an „größeren" Sachen beteiligt zu werden, sondern sorgt gleichermaßen für ein inhaltlich besseres Ergebnis und schafft zudem Verbundenheit.

Beispiel

Ein positives Beispiel, das ich an dieser Stelle erwähnen möchte, war der Einkauf einer Anlage (Papierschneider für große Volumen) für ca. 170.000 €. Schon ab dem Erstgespräch mit dem Anbieter wurden die Kollegen vor Ort mit eingebunden. Im Ergebnis haben die Bediener in enger Begleitung durch die Technik und den Einkauf die neue Maschine geplant. Nach erfolgter Bestellung hat der Einkauf die daraufhin erhaltene Stückliste des Herstellers an einen Maschinenführer zur Durchsicht gegeben. Dieser kam nach 20 Minuten mit folgendem Hinweis zurück:

„Die drei großen Schutztüren der Maschine benötigen wir nicht, wir haben noch die alten Türen!". Dieser Hinweis wurde unmittelbar an den Hersteller weitergegeben, mit der Bitte, diese Position aus der Stückliste zu streichen und entsprechend zu vergüten. Der Einkaufspreis wurde so um 6.500 € reduziert. Davon wurden 1.500 € als Einmalprämie auf drei Mitarbeiter verteilt und ausbezahlt. Das ist aus meiner Sicht erfolgreiches Arbeiten. So haben alle etwas davon, so macht es Spaß!

Die Beteiligung der Mitarbeiter schafft eine enorme Verbundenheit zwischen dem Mitarbeiter, seinen Kollegen und dem Unternehmen. Je geringer die Beteiligungskultur ausgeprägt ist, desto unselbstständiger arbeiten die Menschen vor Ort.

In meinen 5S-Workshops frage ich die Mitarbeiter an bestimmten Stellen, welche Werkzeuge und Betriebsmittel benötigt werden. Bei einem meiner Kunden habe ich diese Frage fünf Mitarbeitern vor Ort gestellt. Diese haben unisono den Kopf in Richtung Schichtleiter gedreht und eine Antwort von ihm erwartet. Das Denken und Entscheiden lief in diesem Bereich nur über den Vorgesetzten.

Abb. 19: „Wir arbeiten gerne und zusammen hier!"

6.1 Die Unternehmenskultur ist „zu teuer"

In den letzten 20 Jahren hat sich in einigen Unternehmen eine Kultur etabliert, die Innovationen und Verbesserungen bereits im Keim erstickt. „Zu teuer!", heißt es dann. Diese Geisteshaltung führt dazu, dass die Unternehmen zum Teil wichtige und lebensnotwendige Dinge einfach nicht mehr machen. Ich nenne das gern „Sterben auf Raten".

Überlegen Sie doch einmal, wie der Gründervater Ihres Unternehmens angefangen hat. Viele Unternehmen sind nach dem Krieg in alten Garagen oder Schuppen entstanden. Nachdem das Geschäft gut lief und Wachstum möglich war, ist Ihr Gründervater zur Bank gegangen und hat um einen Kredit für einen Neubau gebeten. Stellen Sie sich vor, sowohl die Gründer als auch Banker hätten dann immer gesagt: „Eine neue Halle ist zu teuer!". Dann würde es Ihr Unternehmen heute sehr wahrscheinlich nicht geben. Psychologisch ist die permanente Ablehnung einer Innovation eine Katastrophe, da damit die Idee oder das Vorhaben des Mitarbeiters abklassifiziert wird. Wenn ein Mitarbeiter das zwei bis drei Mal gehört hat, wird er das innovative Denken zukünftig einstellen. Den Ausspruch „zu teuer" sollte man daher in Unternehmen abschaffen und stattdessen ein „Phrasenschwein" aufstellen, in das ein bestimmter Geldbetrag einbezahlt werden muss, wenn diese Phrase fällt. Bei allem, was wir in Unternehmen tun, spielt die Betrachtung von Aufwand und Nutzen eine Rolle.

Beispiel
Würde ich Ihnen anbieten, dass Sie bei mir 1.000 € anlegen und ich Ihnen 1.500 € binnen 24 Stunden zurücküberweise, würden Sie dieses Angebot sehr wahrscheinlich sofort annehmen. Sie würden mich wahrscheinlich fragen, ob Sie den Vorgang unzählige Male wiederholen dürften. Würde ich Ihnen anbieten, mir 1.000 € zu überweisen und dafür 800 € zurückbekämen, wäre völlig klar, dass Sie mein Angebot ausschlagen.

Die Kunst der Organisation ist es, unter anderem über den Tellerrand hinauszuschauen und sich nicht nur in kurzfristiger Betrachtung zu üben (so wie es Aktiengesellschaften gern über die Quartalszahlen machen), sondern vorausschauend zu agieren.

Beispiel
Die Mitarbeiter einer großen Anlage hatten das Problem, dass sie ca. 30 Mal pro Tag zu einem Drucker laufen müssen, um die Ausgangspaletten zu kennzeichnen. Der Drucker stand 20 Meter entfernt vom Magazin, aus dem die fertigen Paletten herauskommen. Einer der Maschinenführer hatte dann die Idee, ein TV-Rack (Ständer für Monitor, PC, Tastatur) direkt am Palettenmagazin aufzustellen, um die Laufwege zu verkürzen.
Der Maschinenführer trug seine Idee der zuständigen Instandhaltung vor. Diese suchte im Internet nach einem TV-Rack und stellte fest, dass ein solches Hilfsmittel ca. 350 € kostet. Der Instandhalter teilte dem Maschinenführer mit, dass das zu teuer sei und man es daher nicht kaufen würde. Denn – eine Notiz am Rande – das Unternehmen agierte aufgrund wirtschaftlicher Schwierigkeiten grundsätzlich sehr sparsam. Der Maschinenführer und seine Kollegen hatten dafür sehr wenig Verständnis und waren entsprechend demotiviert. Vorausschauend wäre gewesen, das TV-Rack dennoch zu kaufen, denn demotivierte Mitarbeiter kosten das Unternehmen möglicherweise mehr als 350 €.

Beispiel

Stellen Sie sich vor, Ihre 16jährige Tochter fragt Sie aus heiterem Himmel, ob sie 500 € für einen Urlaub mit der besten Freundin haben kann. Wahrscheinlich werden Sie „Nein!" antworten. Nun stellen Sie sich die Situation noch einmal vor: Ihre Tochter kommt von der Schule nach Hause und bittet Sie um ein persönliches Gespräch. Im Gespräch erwähnt sie, dass es langsam Zeit ist, erwachsen zu werden und auf eigenen Beinen zu stehen. Ihre Tochter führt darüber hinaus auch an, dass sich die Kosten für ihre Beherbergung (Zimmer, Heizung, Essen, Kleidung, Taschengeld etc.) auf monatlich ca. 250 € belaufen, im Jahr auf 3.000 €. In dem Gespräch zeigt Ihre Tochter Ihnen auf, dass Sie ab dem nächsten Sommer gerne eine Ausbildung machen möchte, um auf eigenen Beinen zu stehen. Sie hat sich auch schon die Kosten für eine Wohnung und den entsprechenden Unterhalt errechnet und das mit dem Einkommen als Auszubildende verglichen. Um die Kosten noch weiter einzudämmen und Synergien im Haushalt zu generieren, möchte Ihre Tochter in eine WG mit der besten Freundin ziehen, die ebenfalls eine Ausbildung machen möchte. Beide Mädchen haben sich die Ausbildung zur Fremdsprachenkorrespondentin ausgesucht. Einen Ausbildungsplatz zu bekommen sei laut Ihrer Tochter sehr schwierig. Eine sehr gute Einstiegsqualifizierung zu dieser Ausbildung wäre dagegen ein einwöchiger Sprachurlaub auf Malta. Ihre Tochter beendet das Gespräch mit folgendem Satz: „Lieber Papa, liebe Mama, gibt es eine Möglichkeit, dass Ihr mich bei dieser Investition in meine Zukunft mit 500 € unterstützt. In der Folge werdet Ihr wahrscheinlich ab dem nächsten Sommer um 250 € monatlich entlastet?". Die Wahrscheinlichkeit ist nun sehr hoch, dass Sie nicht nur „Ja!" sagen, sondern auch noch 100 € für einen schönen Abend drauflegen. Sie wissen ja jetzt, dass Sie 3.000 € pro Jahr sparen können.

Unternehmen und Organisationen sollten alle Beteiligten anhalten, entsprechende Entscheidungsvorlagen zum richtigen Handeln bereitzustellen. In der Praxis bedeutet das konkret, dass Sie nicht zu Ihrem Chef gehen und sagen: „Ich brauche das und das", sondern Sie beschreiben erst das Problem (z. B. „Wir haben jährlich zehn Stunden Maschinenausfall, weil ...!") und dann kommen Sie mit der Lösung. Sie werden sehen, das wirkt wahre Wunder.

6.2 Den nächsten Schritt vereinbaren

Warten, warten, warten – auf jemand anderen. Damit sind Mitarbeiter täglich konfrontiert. Sie kennen bestimmt den Klassiker, wenn Sie jemandem eine Aufgabe geben oder eine Bitte um Erledigung haben: „Ich kümmere mich darum!". In den meisten Fällen klappt das auch ganz gut, sprich: Es wird sich darum gekümmert. Aber wie gehen wir mit den Fällen um, bei denen es nicht klappt? Und warum klappt es manchmal nicht?

Die Begründung ist ganz einfach: Die meisten Botschaften werden zwischen Tür und Angel gesendet. Ein Vorgesetzter läuft durch die Produktion und die Mitarbeiter rufen ihm zu, was er alles besorgen soll. Teilweise werden diese Zurufe 30 Sekunden später schon wieder vergessen. Aus psychologischer Sicht betrachtet: Der Mensch benötigt klare Grenzen. „Ich kümmere mich darum!" ist keine klare Aussage und damit das genaue Gegenteil einer klaren Grenze.

Beispiel
Nehmen wir an, ein Mitarbeiter sagt am Donnerstag zu seinem Vorgesetzten oder Kollegen, dass er etwas Bestimmtes benötigt. Daraufhin bekommt er „Ich kümmere mich darum!" zu hören. Was nun folgt ist eine Verschwendung von Ressourcen. Freitags denkt sich der Sender der Botschaft: „Schnell hat er sich nicht gekümmert!". Am Montag und Dienstag hat der Vorgesetzte Kundenbesuch und kann sich nicht kümmern. Mittwoch und Donnerstag denkt der Mitarbeiter nicht daran und anschließend hat derjenige, der sich kümmern sollte, eine Woche Urlaub. Drei Monate später trifft man sich zufällig und die Rückfrage erfolgt endlich. Nicht selten gibt es dann die folgende Antwort: „Ich hab' es vergessen!". Im Ergebnis haben wir nun deutlich mehr Zeit verstreichen lassen als nötig.

Immer wenn Sie eine Aufgabe an jemanden adressieren, sollte zwingend der nächste Schritt vereinbart werden, nämlich bis wann eine Rückmeldung oder die Erledigung der Aufgabe erfolgt. Nehmen wir noch einmal an, dass Sie am Donnerstag eine Botschaft adressieren und Ihr Vorgesetzter Ihnen gegenüber sagt, dass die Aufgabe bis zum übernächsten Freitag erledigt ist.

Dies beinhaltet gleich mehrere Vorteile:

1. **Klare Abgrenzung des nächsten Schrittes**: Der Absender der Botschaft muss sich in der Zwischenzeit nicht mit dem Thema beschäftigen. Wenn verabredet wird, dass ich mich bis zum 23. kümmere, kann der Absender die ausgesprochene Verabredung am 23. einlösen, indem er zum „Kümmerer" geht, diesen anruft oder eine E-Mail schreibt (je nach Kommunikationsgebaren).

2. **Rückkopplung der Erledigung**: Durch die Rückkopplung der Information, bis wann etwas erledigt wird, kann der Absender der Botschaft für sich entscheiden, ob die Erfüllung noch rechtzeitig ist. Stellen Sie sich vor, Sie melden sich Donnerstag mit einer Sache, die Sie für einen Auftrag am Freitag brauchen. Wenn der Kümmerer Ihnen nun sagt, dass es bis Dienstag erledigt ist, können Sie intervenieren und darauf aufmerksam machen, dass es dann zu spät sei.

Bitte achten Sie unbedingt darauf, den nächsten Schritt zu vereinbaren, damit Sie sich mit folgendem Beispiel zukünftig nicht identifizieren müssen.

Beispiel
Während eines 5S-Workshops ging es unter anderem um das Thema Umzug innerhalb der Montagehalle. Ich habe die Mitarbeiter gefragt, wie der Planungsstand zum Umzug sei. Daraufhin haben mir die Kollegen vor Ort und der Schichtleiter mitgeteilt, dass man noch auf eine Information seitens der Geschäftsführung warten würde (und das seit zwei Monaten). Nach Rücksprache mit dem Geschäftsführer hat dieser mir etwas entsetzt geantwortet: „Wieso? Ich warte doch seit zwei Monaten auf eine Antwort der Mitarbeiter!". Hier hat einer auf den anderen gewartet und das Spielchen wäre sicherlich noch einige Wochen so weitergegangen. Verabreden Sie immer den nächsten konkreten Schritt: „Wann geht es weiter?".

Es wird in der Zusammenarbeit immer wieder vorkommen, dass Dinge vergessen oder aus welchen Gründen auch immer nicht erledigt werden. In dem Moment, in dem der nächste Schritt verabredet wird, geben Sie sich die Chance, zeitnah Neuanläufe zu wagen, für den Fall, dass die Aufgabenstellung noch nicht erledigt werden konnte. Verabreden Sie bei jeder Aufgabe den nächsten Schritt.

Unternehmen haben heute eine Vielzahl von Aufgaben zu erledigen und insbesondere bei kleineren Unternehmen fehlt es oft an einem zentralen Steuerungsmedium. Aus eigener Erfahrung empfehle ich die Nutzung eines Aktionsplans. Ein Aktionsplan (vgl. Abb. 20) ist ein einfaches Tabellenblatt, in dem Themen, Termine, Verantwortlichkeiten und der Status zur Abarbeitung zentral festgehalten werden.

Aktionsplan 5S - Lean Management Walter Mustermann GmbH						
Aufgen ommi	lfd. N	Thema	Aktivitäten	Wer mit wem	Termi	Status
15.06.	1	Vision 5S- Kaizen entwickeln	Wo soll die Reise hingehen. Aus der Vision Ziele für das Unternehmen ableiten und diese Ziele in Maßnahmen auflösen	GF	20.05.	offen
15.06.	2	Umsetzungsplan 5S erstellen Elektronik-Montage	Aufwand je Bereicn in Stunden schätzen und Plan mit Verantwortlichkeiten erstellen	5S Koordinator mit Abteilungsleitung	28.05.	offen
15.06.	3	Patenschaften vergeben und Visualisieren	Ermitteln der fehlenden Patenschaften und Vergabe an die Mitarbeiter	Leitung Produktion	15.06.	offen
15.06.	4	Selbstkonktrollen (Audit) fehlen in einigen Bereichen	Bereiche identifizieren, Mitarbeiter trainieren, Selbstkontrolle umsetzen	5S Koordinator mit Abteilungsleitung	22.06.	offen

Abb. 20: Beispiel eines Aktionsplanes

6.3   Gegenseitig zuhören

In einem Zeitalter mit immer höherer Taktung muss nach Möglichkeit alles schnell gehen. Das führt unter anderem beim Thema Kommunikation zu großen Missverständnissen und dem Aufreißen von Gräben in der Zusammenarbeit. Sowohl Führungskräfte als auch Mitarbeiter wünschen sich, dass man sich gegenseitig zuhört. Es stellt eine hohe Form der Wertschätzung dar, wenn sich mein Gegenüber erklären darf. Dieses Verhaltensmuster ist insbesondere dann von großer Bedeutung, wenn Dinge nicht so gelaufen sind, wie gewünscht. Einander zuhören ist die Voraussetzung für erfolgreiche Organisationen mit einer stark ausgeprägten Mitarbeiterorientierung.

Manche Entscheidungen in Unternehmen führen zu Unverständnis aufseiten der Mitarbeiter, oftmals unbemerkt von der Führung. Informationen per E-Mail oder Aushang machen an vielen Stellen Sinn, insbesondere wenn es sich um einfache Informationen handelt. Leider werden Aushänge und E-Mails in der heutigen Zeit auch zur Übermittlung kritischer Inhalte, z. B. mangelnder Disziplin bei der Erfüllung von Aufgaben, omnipräsent genutzt. Viele Mitarbeiter sehen derlei Aushänge oder E-Mails (gern mit Pauschalcharakter) als Angriff auf ihre eigene Arbeit an. Da es hierbei zu keinem Dialog kommt, bleibt dem Lesenden nur der Frust und der Absender der Botschaft erreicht sein Ziel nicht. Insbesondere wenn es um kritische Dinge geht, ersetzt nichts das persönliche Gespräch.

Beispiel
Der Produktionsleiter bekommt von der Auftragsplanung am Freitagmittag einen Eilauftrag, der dazu führt, dass eine Samstagsschicht organisiert werden muss. Mit entsprechendem Frust über die kurzfristige Aufgabe versucht der Produktionsleiter, eine Mannschaft für die Wochenendarbeit auf die Beine zu stellen. Die erste Mitarbeiterin, die er anspricht, kann an dem Samstag nicht. In dem Moment, in dem sie „Nein, ich kann leider nicht!" sagt, dreht sich der Produktionsleiter sauer um und lässt sie einfach stehen, ohne ihr die Chance zu geben, zu erklären warum sie nicht kann, nämlich dass ausgerechnet an diesem Samstag die Einschulungfeier ihres Patenkindes stattfindet.

Da der Produktionsleiter beim Weggehen noch eine abfällige Bemerkung fallen lässt, ist die Mitarbeiterin aufgebracht und sauer über das Verhalten – mit dem Ergebnis, dass sie am nächsten Tag zum Werksleiter geht und ihm mitteilt, dass sie für Samstagsarbeit nicht mehr zur Verfügung steht.

Kommunikation ist der Schlüssel zum Erfolg. Kommunikation darf keine Einbahnstraße sein, weshalb das gegenseitige Zuhören eine notwendige Bedingung der erfolgreichen Zusammenarbeit ist. Hätte der Produktionsleiter sich die Begründung angehört und entsprechend verständnisvoll reagiert, wäre es nicht zu einer solchen Eskalation gekommen. Bis dahin hat die Mitarbeiterin aus der Produktion fast jede Samstagsschicht in den letzten fünf Jahren mitgemacht. Zur erfolgreichen Kommunikation gehört auch das „Aushalten" von Meinungen, die anders sind als gewünscht.

6.4 Kontrolle von Verabredungen

Das Wort „Kontrolle" ist in unserer Sprache leider ein negativ belegtes Wort, weshalb wir Kontrollen eher fürchten als ihnen etwas Gutes abzugewinnen. Dabei ist Kontrolle doch eigentlich nichts anderes als Selbstschutz.

Beispiel
Was glauben Sie, warum die Polizei ab und zu Blitzer aufstellt? Bitte sagen Sie nun nicht, um Geld in die Kassen zu bekommen. Da gäbe es sicherlich Stellen, an denen jeder von uns geblitzt werden würde. Nein, der Hauptgrund, warum die Behörden Kontrollmessungen durchführen, ist die Sensibilisierung der Verkehrsteilnehmer. Würden Sie wollen, dass es ab morgen keine Blitzer mehr gibt? Zugegeben, der Gedanke ist kurzfristig sehr verlockend, aber niemand würde das wirklich wollen! Sie sind einer der Gründe, warum es gelingt, die Spielregeln im Straßenverkehr beim Thema Geschwindigkeit einigermaßen aufrechtzuerhalten. Wir wissen, dass es uns jederzeit treffen kann, wenn wir zu schnell unterwegs sind.

Gute Problemlösungen versanden in der Praxis, wenn vergessen wird, die Wirksamkeit der Prozessänderung zu überprüfen. Oft wird nach folgendem Motto gehandelt: „Problem erkannt – Lösung besprochen – Problem gebannt!" – das ist zu kurz gedacht und führt selten zum Erfolg. Insbesondere bei Themenstellungen, die mehrere Mitarbeiter betreffen, ist eine Kontrolle der Wirksamkeit unabdingbar. Immer dann, wenn eine Prozessänderung gravierend ist, z. B. in Form einer deutlichen Verhaltensänderung, wird der Erfolg durch eine anfänglich hohe Kontrollfrequenz sichergestellt. Je nach Grad des Erfolges können die Kontrollen schließlich bis auf ein Minimum heruntergefahren werden.

Egal, welchen Prozess oder welche offiziellen Regeln Sie in Ihrem Unternehmen etablieren wollen, Sie kommen ohne eine (Schutz-)Kontrolle nicht aus. Was nicht kontrolliert wird, wird auch irgendwann nicht mehr befolgt. Aber nennen Sie es nicht Kontrolle, sondern Pflege oder Selbstschutz.

6.5 Es geht immer um die Sache, nicht um die Person

In meinen Schulungen sage ich den Teilnehmern an einem bestimmten Punkt Folgendes: „Ich möchte niemandem zu nahe treten, aber wenn Ihr hier nicht sitzen würdet, würden hier zehn andere Personen sitzen. Das Gleiche gilt für mich als Coach!". Stille und kurze Betroffenheit ist meist das Ergebnis.

Bei der Arbeit geht es nicht darum, wer diese ausführt, sondern dass eine gemeinsame Aufgabe erledigt wird. In der Regel ist das der Auftrag des Kunden und genauso sachorientiert sollte auch gehandelt werden. Oftmals kommt es bei der Arbeit zu persönlichen Auseinandersetzungen: „Du hast das schon wieder falsch gemacht!" oder „Du hast dich mal wieder nicht gekümmert!". In vielen Unternehmen wird über Probleme kaum noch gesprochen, da diese bestimmten Menschen zugeordnet werden und man an die Lösung von Problemen einfach nicht glaubt.

Auch die zahlreichen sozialen Verflechtungen in Unternehmen können die Lösung von Problemen behindern. Wenn ich als Maschinenbediener anzeige, dass meine Maschine bei auftretenden Defekten zu langsam repariert wird oder aber in den Auftragsinformationen immer wieder Lücken zu finden sind, hinterlässt das schnell den Eindruck, dass ich die Leistung der anderen kritisiere. Genau darum geht es nicht. Es geht um Prozesse, und wenn diese nicht optimal sind, darf es nicht heißen: „Herr Müller ist einfach zu schlecht!", sondern „Der Prozess XY ist nicht optimal, er muss geändert werden!". Die Betrachtung der Sache führt zu einem professionellen Auseinandersetzen mit dem Problem, ohne dass Schuldige gesucht und ausgemacht werden. Wenn nach einem Schuldigen gesucht wird, sollte immer der Inhaber identifiziert werden. Dieser ist unterm Strich für alle Unternehmensbelange verantwortlich!

6.6 Den Kreis schließen – Wirksamkeitskontrolle

Vielleicht erinnern Sie sich an die Bundesjugendspiele in Ihrer Jugend. Spätestens im Zuge dieser Spiele sind die meisten Menschen mit einer 400-Meter-Laufbahn in Berührung gekommen. Wie wäre es, wenn Sie eine Runde laufen müssten und nach genau 370 Metern mit dem Laufen aufhören? Anschließend gehen Sie zurück und starten von vorn. Jetzt denken Sie bestimmt, dass das ziemlich dumm wäre, und ich gebe Ihnen vollkommen Recht. In der betrieblichen Praxis beobachte ich dieses Verhalten nahezu täglich in folgender Form: Bei der Lösung von Herausforderungen und Problemen werden kurzfristig Ideen zur Lösung generiert und jeder Beteiligte hegt den Wunsch, dass die ausgerollte Lösung zu 100 % bei allen Beteiligten auch greift. Die Praxis sieht oft wie folgt aus: Die erarbeitete Lösung funktioniert zu Beginn nur zu 50 %.

Jetzt gibt es genau zwei Möglichkeiten:

1. **Sie führen keine Wirksamkeitskontrolle und Feinmaßnahmen durch**, mit dem Ergebnis, dass Sie gewisse Zeit später mehr oder weniger wieder bei dem gleichen Ausgangsproblem ankommen, das Sie schon kennen. Dann fangen Sie die Runde quasi erneut an zu laufen. Je häufiger ein Thema in einer Unternehmenshistorie angefasst wurde, desto höher ist die Frustration der Beteiligten. Wer hat schon Lust, sich um ein Thema zu kümmern, dass in den letzten zehn Jahren zehnmal erfolglos angegangen worden ist?

2. **Sie verabreden den nächsten Schritt und führen eine Wirksamkeitskontrolle durch**. Das bedeutet, dass Sie das Problem mit seinen Lösungen erneut betrachten und prüfen, ob Ihre Lösungen zu 100 % gegriffen haben. Je größer ein Problem ist (z. B. ein Disziplinthema, welches alle Mitarbeiter betrifft), desto häufiger muss nachjustiert werden. Es gibt Themen, die Sie mehrmals nachjustieren müssen, bevor Sie wirklich am Ziel sind. Auf den ersten Blick verlangsamt das die Umsetzungsgeschwindigkeit. Auf den zweiten Blick ist das die beste Geschwindigkeit, die wir erreichen können (dann beginnen Sie die Runde nicht wieder von vorn).

7   Die Problem-Ideen-Meldekarte als Sprachrohr der Mitarbeiter

In Ihrem Unternehmen sind folgende Dinge noch nicht vorgekommen:
- Ein organisatorisches Problem tritt wiederholt auf!
- Eine gute Idee gerät in Vergessenheit!
- Ein Defekt (mittlerer Natur) wird nicht repariert und/oder gerät aufgrund von Überlastung ebenfalls in Vergessenheit!

Wenn dem so ist, überspringen Sie das Kapitel. Allen, die sich hier wiederfinden, möchte ich das beste Werkzeug vorstellen, das ich bis heute kennenlernen durfte: die Rote Karte (vgl. Abb. 21) bzw. den Problem-Ideen-Meldekartenprozess.

Viele Dinge geraten in Vergessenheit und eventuell wichtige Informationen fließen nicht. Wirklich etwas verändern kann jedes Unternehmen, wenn es gelingt, dass sich auch die Mitarbeiter aktiv in Veränderungen mit einbringen. Es kann nicht erwartet werden, dass die Mitarbeiter immer Ideen zur Verbesserung einer Situation haben, jedoch sollten Unternehmenskulturen so stark sein, dass jeder Mitarbeiter den Mut hat, Abweichungen oder Missstände, aktiv anzusprechen!

Das Ansprechen und Lösen von sich wiederholenden Problemen birgt das mitunter größte Verbesserungspotenzial.

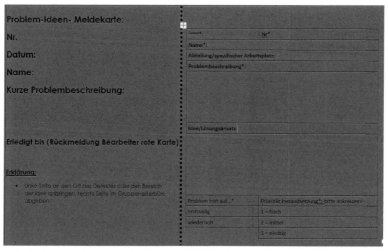

Abb. 21: Beispiel für eine Problem-Ideen-Meldekarte; Perforation in der Mitte, Seriendruck auf linker und rechter Seite mit gleicher Nummer als Identifikationsmerkmal

7.1 Funktionsweise der Roten Karte

In der Praxis hat sich die Rote Karte als sehr einfaches und effektives Kommunikationswerkzeug erwiesen. Es ist quasi das Sprachrohr der Mitarbeiter. In Ergänzung zu Kapitel 6 möchte ich Ihnen dieses unmittelbare Kommunikationswerkzeug vorstellen.

Die Rote Karte verfolgt die folgenden Ziele:
1. Defekte, organisatorische Prozesse und Ideen werden nicht mehr vergessen.
2. Über die Rote Karte hat der Mitarbeiter die Möglichkeit, sich aktiv in das Unternehmen einzubringen und zu zeigen, was ihm am Herzen liegt.

7.2 Anwendungsbereiche für die Rote Karte

In der Praxis gibt es drei Anwendungsfälle für die Rote Karte. Die häufigsten Anwendungsfälle sind dabei das Anzeigen von

1. organisatorischen Problemen,
2. Defekten und Störungen an Anlagen und Maschinen sowie
3. Ideen der Mitarbeiter.

1. Anzeigen von organisatorischen Problemen
Eines der größten Problemfelder innerhalb eines Unternehmens sind organisatorische Probleme. Diese zeichnen sich insbesondere dadurch aus, dass sie immer wieder auftreten. Genau in dem Moment, in dem ein organisatorisches Problem entsteht, hat kaum ein Mitarbeiter die Zeit, das Problem dauerhaft zu lösen. Das Problem wird kurzfristig gelöst und anschließend wird weitergearbeitet, bis das Problem erneut auftritt und eine Problemspirale entsteht. Jeder Mitarbeiter hat jedoch ein bis zwei Minuten Zeit, um die Rote Karte auszufüllen, damit das Problem anzuzeigen und es im Nachgang final zu lösen.
Bei richtiger Anwendung führen die Roten Karten zu einer deutlichen Zunahme der Kommunikation, insbesondere bei abteilungsübergreifenden Themen.

Beispiel 1
In den Auftragsdokumenten eines Unternehmens fehlen zum wiederholten Male wichtige Informationen, die daher während des laufenden Produktionsprozesses eingeholt werden müssen und somit zu Verzögerungen im Ablauf führen.

Beispiel 2

Die Stellflächen im Bereich eines Häckslers sind mal wieder vollgestellt, was zur Folge hat, dass der Bediener 30 Minuten zusätzliche Arbeit leisten muss, bevor der eigentliche Auftrag erfüllt werden kann. Dies passiert bereits das dritte Mal in einer Woche. Statt wiederholt nach einer Lösung zu suchen, die nicht dauerhaft ist, deren Suche aber Zeit und Nerven kostet, könnten betroffene Mitarbeiter in maximal zwei Minuten das Problem auf einer Roten Karte notieren. Es geht also darum, dass Probleme nicht immer nur ausgebadet, sondern dauerhaft gelöst werden.

2. Anzeigen von Defekten und Störungen an Anlagen oder Maschinen

Mit Defekten sind hier Probleme „mittlerer Natur" gemeint, die gern auf Zuruf mitgeteilt und somit auch häufig vergessen werden. Wenn bei einer Maschine z. B. der Riemen oder das Band verschlissen ist, das Lager leicht ausgeschlagen ist, die Beschichtung erneuert werden muss oder ein Leuchtmittel defekt ist.

3. Ideen der Mitarbeiter

Gute Ansätze und Ideen der Mitarbeiter sind eine essenzielle Grundlage für die Verbesserung eines Unternehmens. Die Idee eines Mitarbeiters ist ein Ausdruck des Vertrauens des Mitarbeiters. Vertrauen ist etwas, dass nur funktioniert, wenn es auf Gegenseitigkeit basiert. Jedes Mal, wenn ein Mitarbeiter auf eine Idee keine Rückmeldung bekommt, nimmt sein Vertrauen ab.

Beispiel

Bei jedem Saugvorgang an einer maschinellen Anlage müssen die Mitarbeiter eines Unternehmens die Kabeltrommel holen und 30 Meter ab- und wieder aufrollen. Es würde bestimmt zehn Minuten pro Woche sparen, wenn es eine Steckdose an der Maschine geben würde. Hier hätte eine Rote Karte einen weiteren Vorteil, nämlich dass Kollegen sie lesen und dabei den Transfer für andere Bereiche leisten.

Einige Unternehmen arbeiten heute schon mit einem System, mit dem Probleme gemeldet werden, z. B. durch ein Ticketsystem. Leider werden diese Systeme oft nur auf der Ebene von Verantwortlichen genutzt. Das Ziel muss es jedoch sein, allen Mitarbeitern ein Sprachrohr zu geben. Prüfen Sie Ihre vorhandenen Systeme und überlegen Sie, wie diese durch die Rote Karte ergänzt werden können. Je detaillierter die Karte beschrieben wird, desto besser. Jede Karte wird in der Regel zu einer Rückfrage an den Schreiber führen.

7.3 Wie funktioniert der Prozess konkret?

Die Rote Karte ist ein DIN-A4- oder DIN-A5-Dokument, welches sich in der Mitte teilen lässt. Da das Sprachrohr der Mitarbeiter eine wichtige Funktion erfüllt, ist es sinnvoll, die Karte auf stabiles Papier mit einer Grammatur von 160 g zu drucken (normales Papier hat 80 g). Der praktische Einsatz der Roten Karte ist relativ einfach. Berücksichtigen Sie dabei die folgenden Schritte:

1. Die Rote Karte ist eine zweigeteilte Karte (vgl. Abb. 22 und 23)
    *   Zunächst füllt der Mitarbeiter die linke Seite der Karte aus, indem er das Problem kurz beschreibt.
    *   Dann heftet er die linke Seite der Karte (z. B. mit Klebestreifen) direkt an den Ort des Geschehens (Maschine, Arbeitsplatz, Problemort, Zentralplatz).
    *   Die rechte Seite wird ebenfalls ausgefüllt. Sie erhält in der Regel der Vorgesetzte.
    *   Der Vorgesetzte sichtet die Karte und leitet die Bearbeitung ein.
    *   Nach erfolgter Abarbeitung werden die linke und rechte Seite zusammen geklammert und abgelegt. Einen Teil der Roten Karten werden die jeweiligen Abteilungsleiter in Eigenverantwortung abarbeiten können. Der größere Teil der Roten Karten wird eine abteilungsübergreifende Zusammenarbeit beinhalten. Das bedeutet wiederum, dass das Unternehmen eine Organisation aufbauen muss, die es den Abteilungsleitern ermöglicht, abteilungsübergreifend Lösungen zu erarbeiten und umzusetzen.

2. Um die Abarbeitung der Roten Karten sicherzustellen, empfehle ich die Einführung eines „Rote Karten Walks", welcher in regelmäßigen Abständen durch die Führungskräfte durchgeführt wird.

3. Alle Mitarbeiter müssen Zugriff auf die Roten Karten in Blanko-Form haben (z. B. über zentrale Körbchen, in denen diese ausliegen).

Die Einführung des Rote-Karten-Prozesses in der Praxis ist nicht ganz trivial, weshalb dieser Prozess insbesondere zu Beginn einer hohen Aufmerksamkeit bedarf.

Nutzen alle Mitarbeiter die Roten Karten und benennen die Probleme? Für die Roten Karten müssen Sie Werbung machen. Ein optimaler Start der Roten Karten ist der 5S-Workshop. Aufgrund der Art der Durchführung des Workshops wird automatisch eine (positive) Atmosphäre geschaffen, in der sich die Mitarbeiter über diverse Herausforderungen und Probleme bei der täglichen Arbeit unterhalten. Nutzen Sie dieses Vertrauen und lassen Sie die Mitarbeiter während der Workshops Rote Karten schreiben.

*Abb. 22: Anbringung der „linken Seite" der Pro-
blem-Ideen-Meldekarte direkt am Ort des Geschehens (hier: Defekt am Schraubstock)*

*Abb. 23: Organisation der „rechten Kartenseite"
eines Abteilungsleiters*
* *Rote Karte auf der rechten Seite der Stell-
wand (im Fach der jeweiligen Maschine)*
* *Sobald die Karte in Bearbeitung ist, zieht der
Bearbeiter die Karte auf die linke Seite*

7.4   Vertrauen

Ich möchte noch einmal auf das Thema Vertrauen zu sprechen kommen. Insbesondere die Roten Karten für organisatorische Probleme zeigen Schwächen in der
Organisation auf. Hinter jeder Organisation stecken Menschen, die in Harmonie
miteinander auskommen möchten (zumindest ein Großteil von ihnen). Aus diesem
Grund könnte es sein, dass die Mitarbeiter sich nicht trauen, Probleme zu benennen, die eventuell in einen direkten Zusammenhang mit Kollegen gebracht werden
können.

Beispiel 1
Nehmen wir z. B. an, dass Auftragsinformationen in der Produktion zum Teil lücken-
haft sind und diese Lücken bei Sachbearbeiter Herrn Meyer häufiger auftreten als
bei Herrn Schmidt und Herrn Octay. Es geht nicht darum, Herrn Meyer aufzuzeigen, dass er seinen Job nicht richtig macht, sondern vielmehr darum, den Prozess
gemeinsam zum Guten zu ändern.

Beispiel 2
Ein anderes Beispiel sind Reparaturen an Maschinen, die nicht immer so schnell
wie benötigt durchgeführt werden. Wenn der zuständige Instandhalter bereits zur-
zeit mehr Arbeit als Hände hat, macht es keinen Sinn, solche Zustände unter den
Teppich zu kehren. Hier muss nach einer anderen Lösung gesucht werden, die den
Kollegen entlastet.

Es geht also immer um die Sache und alle im Unternehmen haben das gleiche gemeinsame Ziel: Erfolg! Erfolg zu haben darf in diesem Kontext nicht bedeuten, dass einer gewinnt und ein anderer verliert. Ganz im Gegenteil! Es soll nur Gewinner (das Unternehmen und seine Mitarbeiter) geben, ohne dass es dabei Verlierer gibt! Das ist einer der Gründe, warum ich die Methodik und meinen Beruf so sehr liebe.

Grundlegende Bedingung für die Implementierung der Roten Karten ist eine offene Problemkultur. Denn wie sollen wir zukünftig besser werden, wenn nicht über Probleme und deren Lösungen gesprochen wird?

7.5 Hürden und Enttäuschungen im Prozess

Den Prozess der Roten Karten in Schwung zu bringen, ist nicht ganz einfach und der Weg dorthin weist zahlreiche Hürden auf.

Eine der ersten Hürden ist das Schreiben der Karten durch die Mitarbeiter. Diese haben zum Teil enorme Hemmungen, ein offizielles Dokument auszufüllen. Dieser Prozess gelingt immer dann sehr gut, wenn eine Führungskraft bei den ersten Roten Karten Hilfestellung gibt. Immer wenn eine Gruppe in meinem Workshop sich damit schwergetan hat, habe ich so lange gebohrt, bis die Mitarbeiter zumindest organisatorische Probleme aus ihrer Sicht benennen konnten. Diese durften sie dann unmittelbar auf die Rote Karte schreiben. Sobald der Mitarbeiter „Vertrauen" geschenkt und eine Rote Karte geschrieben hat, kommt es wieder auf die nächsten Schritte an.

Wenn Sie wollen, dass die Rote Karte zum Hochgeschwindigkeits-KVP-Prozess wird, sorgen Sie dafür, dass entsprechende Kapazitäten für die Abarbeitung geschaffen werden. In fast allen Fällen reicht dafür eine einfache Organisationsanpassung aus. Sobald die Mitarbeiter eine Dynamik in dem Prozess erkennen – sprich: Rote Karten werden aktiv bearbeitet und Probleme dadurch gelöst –, werden die Mitarbeiter motiviert sein, weitere Karten zu schreiben. Nicht immer ist es möglich, die Inhalte der Roten Karten zeitnah abzuarbeiten. Dafür hat jeder Mitarbeiter Verständnis. Wichtig in diesem Zusammenhang ist die Rückmeldung an den Mitarbeiter. Überlegen Sie sich, wie Sie dem Mitarbeiter eine Rückmeldung geben können und bis wann die Karte abgearbeitet sein wird (z. B. durch einen Eintrag vom Bearbeiter „erledigt bis" auf der linken Seite der Karte).

Viele Mitarbeiter erleben die Roten Karten als Enttäuschung, wenn sie nicht abgearbeitet werden. Je nachdem, wie stark die Mitarbeiter für die Nutzung der Roten

Karten motiviert wurden, kommen sehr schnell etliche davon zusammen. Neben Kleinigkeiten (fehlende Betriebsmittel, bessere Beleuchtung, Transport-Hebehilfe etc.) werden auch gravierende Probleme genannt (z. B. abteilungsübergreifende Zusammenarbeit, Qualitätsmängel etc.). Die Kapazitäten in der Praxis werden es nur selten erlauben, die Roten Karten und die damit verbundenen Sachthemen binnen kürzester Zeit abzuarbeiten. Doch sobald ein Mitarbeiter eine Rote Karte schreibt, entsteht die Erwartungshaltung, dass sich jemand zeitnah um die Abarbeitung kümmert. Dauert es dem Mitarbeiter zu lang, schlägt diese Erwartung schnell in Frust um und es heißt dann „Siehste, es passiert ja doch nichts!".

Abb. 24: *Mitarbeiter beim Ausfüllen der Roten Karten während einer 5S-Aktion*

Teil C

Visualisierung
von Werkzeugen

8 Visuelle Werkzeuge

Visuelle Werkzeuge sind einfache Anleitungen, die ohne Rückfragen zum richtigen Handeln führen. Was sich zunächst einmal komplex anhört, ist in der Praxis sehr einfach umzusetzen und bietet die Möglichkeit einer einfachen und dauerhaften Hilfestellung. Betrachten wir den Nutzen im privaten Bereich. Visualisierungen begegnen uns im Alltag an zahlreichen Stellen.

Beispiel

Jeder von Ihnen hat sicherlich schon einmal einen markierten Parkplatz z. B. beim Supermarkt benutzt. Bitte betrachten Sie nun einmal das „Parkplatzbild" (vgl. Abb. 25).

Es gibt einen deutlichen Unterschied zwischen „Denken" und „Gucken". Denken ist der deutlich kompliziertere Prozess. Ein Fahrer, der auf dem Bild einen Parkplatz sucht, muss im Wesentlichen nur gucken und wenig denken. Was würde im Hinblick auf die Kapazität des

Abb. 25: Markierung von Parkplätzen

Parkplatzes passieren, wenn die Linien entfernt würden? Die Kapazität würde auf 50 bis 70 % sinken, d. h. es hätten deutlich weniger Fahrzeuge Platz. Darüber hinaus müssten alle Fahrer mehr denken als gucken.

Denken ist ein Prozess, der nicht nur Kraft kostet, sondern auch unterschiedliche Ergebnisse zutage fördert. Jeder Mensch hat unterschiedliche Denkstrukturen. Wer möchte schon, dass wir das Ergebnis im Straßenverkehr dem denkenden Verkehrsteilnehmer überlassen? Niemand! Und genau aus diesem Grund ist der Straßenverkehr fast überall durch Visualisierungen geregelt. Wenn Sie von Deutschland z. B. nach Italien fahren, wo viele Dinge anders laufen als bei uns, benötigen Sie kein Youtube-Tutorial oder eine Fahrstunde im Vorfeld. Selbst in Italien finden Sie folgende visuellen Merkmale im Straßenverkehr:
- Signalanlagen,
- Beschilderungen,
- Bodenmarkierungen.

Beispiel

Ist es Ihnen beim Anschließen eines USB-Kabels schon einmal passiert, dass Sie nicht sofort den richtigen Eingang an Ihrem PC gefunden haben? Das Problem ist, dass die Eingänge und dazugehörigen Piktogramme meist an der Seite eines Notebooks zu finden sind (vgl. Abb. 26). Als Nutzer schaut man jedoch von oben auf die Tastatur. Einige Hersteller sind deshalb auf die Idee gekommen, mit kleinen Piktogrammen zu arbeiten, die man von oben sehen kann.

Abb. 26: Nachträglich erstellte Visualisierung der Anschlüsse an einem Notebook

Beispiel

In jedem Supermarkt finden Sie Preisschilder über oder unter den Produkten. Die Preisauszeichnungen sollen dazu dienen, dass es keine Rückfrage zum Preis des Produktes gibt. Man stelle sich vor, der Supermarkt würde morgen auf die Preisschilder verzichten und es kämen 30 Kunden gleichzeitig in den Laden, aktuell anwesend sind jedoch nur drei Verkäufer. Im optimalen Fall würden sich nun Schlangen von zehn Personen bei jedem Verkäufer bilden. Da dies enorme Wartezeiten mit sich bringen würde, wäre die Wahrscheinlichkeit eines „Shitstorms" z. B. über Facebook nicht allzu gering. Auf diesen Shitstorm würde der Supermarkt reagieren und am nächsten Tag 27 weitere Verkäufer einstellen. Jetzt müsste kein Kunde mehr warten, doch die Butter würde dann nicht mehr 1,79 €, sondern 6,89 € kosten. Der Moment der Wertschöpfung in einem Supermarkt ist der Moment, in dem das „Piep" an der Kasse ertönt. Die Visualisierung im Supermarkt hat im Wesentlichen mit der Erhöhung der eigenen Wertschöpfung zu tun.

Das gleiche Prinzip können wir uns im Unternehmen zunutze machen. Beginnen wir zunächst einmal mit dem Staplerfahrer, respektive dem damit verbundenen innerbetrieblichen Warenverkehr. Die meisten Betriebe haben innerhalb der Produktion einen Hauptfahrweg, der vor langer Zeit mit einer Farbe gekennzeichnet wurde. Sobald dieser Weg verlassen wird und es um die Bereitstellung von Roh-, Halbfertig- und Fertigwaren geht, müssen die jeweiligen Logistiker bei so ziemlich jeder Palettenbewegung mitdenken (Paletten, Gitterboxen, sonstige Collis). Denn es mangelt oft an Spielregeln, wo etwas hingestellt werden darf. Im Ergebnis führt das zu hohen Suchaufwänden der Mitarbeiter und Extrafahrten der Logistiker.

Sinnvoll wäre es, an sämtlichen Stellen – wo möglich – Parkplätze für bestimmte Dinge zuzuweisen, wie z. B. für Rohware, Fertigware, Betriebsmittel, Maschinenteile, Ersatzteile, Entsorgungsinseln, Europaletten, defekte Paletten etc.

Beispiel
Nehmen wir als Beispiel die Bereitstellung von Rohwaren an einer Maschine. Da die meisten Maschinen fest im Boden verankert sind, werden die benötigten Teile für das Produkt meist an der gleichen Stelle eingelegt. Immer dann, wenn ein Unternehmen nicht über Stellplatzmarkierungen verfügt, sind die Bereitsteller gezwungen, sich selbst Stellflächen zu suchen. Dabei werden z. B. Paletten nie exakt dort hingestellt, wo diese benötigt werden. Dies führt im Ergebnis dazu, dass die Ladungsträger nicht an der optimalen Stelle stehen.

Abb. 27: Fehlende Stellplätze führen hier zu einem Verkeilen der Paletten

Abb. 28: Einfache Querlinie als optische Trennung vereinfacht den Zugriff

Die Anordnung von Stellflächen innerhalb eines Unternehmens ist sinnvoll und gelingt immer dann, wenn die Zielabteilung der Bereitstellung vorgeben darf, wo genau der Ladungsträger abgestellt werden soll. Mit anderen Worten: Jeder Bereich sollte für sich die jeweiligen Stellplätze definieren. Das hat auch den Vorteil, dass die Palette nun aus Sicht des Weiterverarbeiters genau dort steht, wo dieser sie benötigt.

Das Ziel sollte es sein, möglichst viele Stellplätze innerhalb des Unternehmens zu definieren, auch wenn das nicht immer zu 100 % möglich ist. Je nachdem wie groß Ihre Auslastungsschwankungen sind, wird es Zeiten im Jahr geben, in denen Sie so viel Ware im Haus haben, dass es nicht möglich ist, diese zu 100 % auf geordneten Flächen abzustellen. Haben Sie auch hier nicht den Anspruch, eine 100%ige Lösung zu finden. Alles, was besser ist, als ein ungeordneter Zustand, stellt eine Verbesserung dar!

Abb. 29: Fehlende Stellplatzmarkierungen führen zu Unübersichtlichkeit und zusätzlichem Handlungs-aufwand

Möglichkeiten der Stellplatzmarkierungen

Es gibt zahlreiche Möglichkeiten, wie Stellplätze gekennzeichnet werden können, auch wenn das in der Praxis nicht immer ganz einfach ist. Wagen Sie sich langsam an das Thema heran. Beginnen Sie mit folgenden Flächenkennzeichnungen:

- Eingangs- und Ausgangsware,
- Entsorgungsinseln,
- Betriebsmittel und Maschinenteile,
- Verpackungsmaterialien und
- Maschinenteile, die nicht ständig genutzt werden.

Beginnen Sie mit Dingen, die Sie bzw. Ihre Mitarbeiter wirklich festen Plätzen zu-ordnen können, und starten Sie zunächst bei der Kennzeichnung mit einem Boden-klebeband. Auf Wunsch erhalten Sie meine Materialliste inklusive Beschaffungs-quellen (vgl. Kap. 16.3).

Das Bodenklebeband dient dem Testzweck und wird je nach Belastung der Boden-fläche auch nicht lange halten. Wenn sich die Abmaße in der Praxis bewährt haben und die Fläche richtig gewählt wurde, können die Flächen „professionell" gekenn-zeichnet werden.

Folgend einige Beispiele einer professionellen Kennzeichnung:

1. **Beauftragung eines Malers** (extern oder intern), der mit einem entsprechend leuchtenden Gelb den Boden kennzeichnet. In fast jedem Unternehmen gibt es jemanden, der das kann und vielleicht Lust hat, diese Aufgabe zu übernehmen (vgl. Abb. 30 und 31).

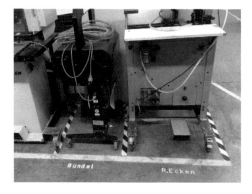

Abb. 30: Gemalte Fläche mit fester Vorgabe – „Parkplatz" für bestimmte Maschinen

Abb. 31: Gemalte Fläche ohne exakte Definition (Hier: Alle Dinge für die Maschine bitte in diesen Stellflächen abstellen)

2. **Einsatz von Sprühlack** (je nach Bodenbeschaffenheit sinnvoll) (vgl. Abb. 32)

3. **Einsatz von hochwertigem Kunststoffklebeband** (sinnvoll bei neuen und glatten Fußböden ohne Staplerverkehr) (vgl. Abb. 33)

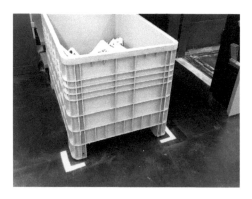

Abb. 32: Gesprühte Fläche – Bereitstellflächen Entsorgungsbehälter

Abb. 33: Geklebte Fläche – Nutzung von hochwertigem Kunststoffklebeband

4.   Einsatz von Bodenmarkierungsbändern (vgl. Abb. 34 und 35)

Abb. 34: Stellplätze an einer Palettenschließanlage – feste Stellplatzvorgabe durch Beschilderung (einlaminierte Fotos) und Boden-Kennzeichnung mit Vinylklebeband zum Testen

Abb. 35: Stellplatzkennzeichnung in der Produktion – Eingangs- und Ausgangsware/Entsorgung

Visuelle Werkzeuge sollen Hilfe zur Selbsthilfe leisten, insbesondere bei einfachen Rückfrageprozessen. Ein einfacher Tipp für die Praxis: Überlegen Sie jedes Mal, wenn jemand eine Rückfrage zu einer vermeintlich einfachen Sache stellt auch gern im Team –, wie dieser Zustand durch eine einfache Hilfe zur Selbsthilfe abgeschafft werden kann. Im Folgenden finden Sie zahlreiche Beispiele und verschiedene Kategorien an Visualisierungen.

Es geht übrigens nicht darum, einen unübersichtlichen Schilderwald aufzuhängen, sondern sinnvolle Informationen weiterzugeben, die die Zusammenarbeit von unterschiedlichen Menschen vereinfachen sollen.

Abb. 36: Tankanzeige im Auto: eine hilfreiche Anzeige

Abb. 37: Anzeige eines Parkleitsystems: wichtige Information im Straßenverkehr

Visualisierungen von Abläufen begleiten uns permanent im Alltag, denn das Auge ist das wichtigste Sinnesorgan des Menschen. 83 % aller Informationen werden über das Auge aufgenommen (vgl. Abb. 38).

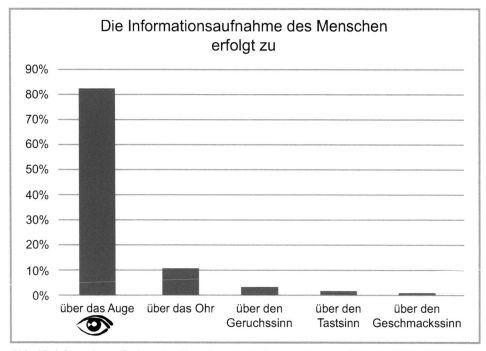

Abb. 38: Informationsaufnahme des Menschen durch die verschiedenen Wahrnehmungsorgane

8.1 Nutzen in der Praxis

In Abbildung 39 sehen Sie einen visuellen Hinweis, der Auskunft zur aktuellen Schalterstellung gibt. Zu diesem Bild möchte ich Ihnen eine kleine Geschichte erzählen.

Beispiel

Hans – ein 55 Jahre alter Techniker – hatte die Aufgabe Christian, einen Nachwuchskollegen mit 23 Jahren – einzuarbeiten. Beim Vor-Ort-Rundgang zeigte Hans Christian die verschiedenen Schalterstellungen. An zahlreichen Stellen waren Schalter ärgerlicherweise verkehrt eingestellt. Christian fragte darauf, wie er sich das denn dann merken solle? Dem entgegnete Hans in einer etwas schroffen Art: „Junge, das schaffst Du schon, wenn Du länger dabei bist." Da Christian einfache Visualisierungen und Kennzeichnungen aus seinem Ausbildungsbetrieb kannte, schlug er Hans eine einfache Lösung vor. Hans, der mittlerweile mehr als 30 Jahre im Unternehmen beschäftigt war, sagte dazu nur: „Junge, sowas brauchen wir hier nicht, dass musst Du Dir schon so merken können."

Christian stellte nun eine sehr intelligen-
te Frage: „Hans, wenn ich die Stellung
der Schalter kennzeichne, was mache
ich dann damit für Dich kaputt? Mir und
auch weiteren neuen Kollegen würde
es sehr helfen!" Was glauben Sie, was
Hans dazu gesagt hat? „Dann mach
doch, wenn Du dadurch glücklicher bist."
10 Minuten später waren alle Schalterstellungen korrekt gekennzeichnet.

Abb. 39: Verriegelung einer Zugtür: Der aktuelle
Status ist offen

Die Schwierigkeit in der Umsetzung von visuellen Hilfsmitteln liegt darin, dass Sie –
Ihre Mitarbeiter oder Kollegen – oft wie „Hans" agieren. Viele Prozesse in Unternehmen leben heute vom sogenannten Beziehungswissen der Mitarbeiter, das den
großen Nachteil hat, dass es nicht immer abrufbar ist. Darüber hinaus verfügt das
menschliche Gehirn über eine endliche Kapazität, was Merkprozesse anbelangt.
Macht es Sinn, sich Dinge zu merken, die wir uns eigentlich nicht merken müssten?
Da Sie selbst – respektive Ihre Mitarbeiter und Kollegen – über Beziehungswissen
verfügen, bedarf es einer gewissen Sensibilität, auf die Stellen zu kommen, an
denen Visualisierungen für Kollegen (z. B. neue Kollegen oder Kollegen aus anderen Bereichen) und den Gesamtprozess hilfreich sein können.

8.2   Beispiele aus der Praxis

Beispiele aus unterschiedlichen Bereichen auf zum Teil unterschiedlichem Niveau
zeigen Hilfsmittel und Möglichkeiten zur Unterstützung von Visualisierungen.

Einfache Visualisierung in der Praxis

Für viele Menschen beginnt der Arbeitstag, indem sie sich zunächst einmal die
für den Tag benötigten Dinge zusammensuchen. Das macht weder Spaß, noch
stellen diese Umstände einen optimalen Einstieg in den Arbeitsalltag dar. Nicht
nur die Produktivität der Prozesse leidet darunter, sondern auch gleichermaßen
das Wohlbefinden der Mitarbeiter. Ich habe schon Mitarbeiter gesehen, die binnen
der ersten 15 Minuten mehr als 20 Mal geflucht haben, was weder produktiv noch
gesund ist!

Beispiel

Die Schwämme auf dem Foto (vgl. Abb. 40) waren vor der Einführung von 5S auch so ein Ärgernis. Diese werden bei einem maschinellen Ablauf eingesetzt und müssen aus Prozessgründen ständig verfügbar sein. Da sich insbesondere der letzte Mitarbeiter an diesem Arbeitsplatz nicht berufen fühlte, die Schwämme nach Entnahme des letzten Schwamms aufzufüllen und sich jeder der sechs Kollegen, die sich an den Schwämmen bedienen, darüber ärgerte, wurde innerhalb des 5S-Work-

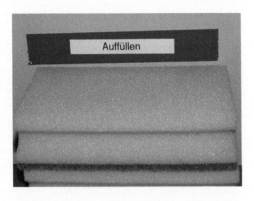

Abb. 40: Kennzeichnung des Auffüllungsbedarfs anhand einer roten Sicherheitslinie

shops eine Spielregel verabredet. Die rote Markierung kennzeichnet den Sicherheitsbestand. Darüber hinaus haben die Mitarbeiter gemeinsam festgelegt, dass aufgefüllt werden muss, sobald nur noch zwei Schwämme vorhanden sind (Hauptlager ca. 50 Meter entfernt). Kurze Zeit nach dem Workshop fiel den Mitarbeitern auf, dass jeder von ihnen eine unterschiedliche Anzahl auffüllt. Da 5S eine dynamische Methode ist und von der Anpassung lebt, haben die Kollegen noch den Hinweis „30 Stück" hinzugefügt (Maximalkapazität der Stellfläche im Materialschrank).

Es geht also auch darum, die „Arbeit" bzw. das Ergebnis der Arbeit nicht dem Zufall zu überlassen. Was kann daran verkehrt sein, einfache Prozesse dauerhaft zu regeln? Es geht nicht darum, die Kreativität oder Freiheit der Mitarbeiter einzuschränken, sondern eher darum, verlust- und stressfreie Arbeitsplätze zu schaffen (vgl. Abb. 42 und 43).

Abb. 41: Von den Mitarbeitern selbst festgelegte Spielregel zum Auffüllen der Kartons

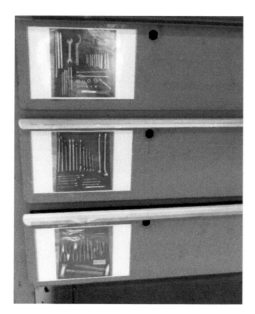

Abb. 42: Schubladen mit ausgedruckten und laminierten Bildern – Vorteil: einfach und transparent
(z. B. für die Einarbeitung neuer Kollegen)

Abb. 43: Kennzeichnung einer Zentralschmierung
mittels Toleranzbereich – mit einfacher Kennzeichnung des einzufüllenden Öls

Abb. 44: Visualisierung eines mobilen Arbeitsplatzes durch einen alten Fahrrad-Wimpel

Abb. 45: *Nicht erkennbarer Solldruck*   **Abb. 46:** *Alles im grünen Bereich*

8.3   Warum sind Maschinen nicht gläsern?

Leider werden auch heute noch die meisten Maschinen mit undurchsichtiger Stahl-ummantelung gebaut. Im betrieblichen Alltag kommt kein Maschinenführer auf die Idee, eine Schutztür im laufenden Betrieb zu öffnen. Etwaige Schäden, die durch Defekte im Innenleben der Maschine hervorgerufen werden, kommen erst zum Vorschein, wenn es zu spät ist und die Maschine einen Defekt hat. Aus meiner Sicht würde es absolut Sinn machen, Maschinen gläsern und transparent zu bau-en. Ich bin mir durchaus bewusst, dass dies in der Praxis kaum umzusetzen wäre. Prüfen Sie aber in Ihrem Unternehmen, an welchen Stellen der Einsatz von „Ma-krolonscheiben" sinnvoll sein könnte. Bitte beziehen Sie Ihre Fachkraft für Arbeits-sicherheit mit ein.

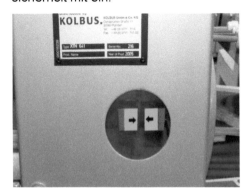

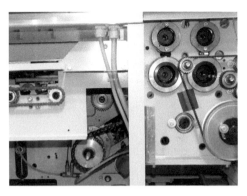

Abb. 47: *Sichtbarmachen des hinter der Schutz-tür befindlichen Riemens – sobald der Riemen die Position in Richtung rotem Bereich verlässt, wird der Riemen nachgespannt oder ausgetauscht*

Abb. 48: *Markierung des Toleranzbereiches einer Kette*

8.4   Visuelle Hilfe beim Rüsten von Anlagen und Maschinen

Das Rüsten einer Maschine bezieht sich auf den Zeitpunkt ab der Einstellung des Neuproduktes bis hin zum Serienlauf der Produktion. Es ist sinnbildlich nichts anderes als der Boxenstopp in der Formel Eins. Der einzige Unterschied liegt darin, dass es uns in der Industrie nicht um Sekunden oder Millisekunden geht.

In zahlreichen Unternehmen hat sich beim Rüsten eine gewisse lethargische Routine eingeschlichen. Rüsten ist ein Prozess, den Ihnen kein Kunde bezahlt. Oder ändern Sie Ihre Rechnung für den Fall, dass Ihre Mitarbeiter schneller oder langsamer gerüstet haben als erwartet?

Beispiel
Ihr Unternehmen verfügt über zehn Maschinen, die im Schnitt ein Mal pro Tag gerüstet werden, was ca. 2.500 Rüstvorgängen pro Jahr umfasst. Nehmen wir außerdem an, der Rüstvorgang dauert im Durchschnitt 60 Minuten und Sie würden es durch eine einfache Systematik (SMED – Single Minutes Exchange of Die) schaffen, die Rüstzeit um fünf Minuten zu verkürzen: 5 Minuten x 10 Maschinen x 250 Arbeitstage = 208 Stunden Rüstzeitreduzierung pro Jahr!

Es gibt unterschiedliche Gründe, warum Rüstzeiten länger dauern als es im optimalen Zustand sein müsste. Ein Grund ist die mangelnde Sensibilität für den Vorgang. Eigentlich sollte beim Rüsten eine gewisse Spannung in der Luft liegen. In der Praxis habe ich schon so manches Mal das Gegenteil beobachtet.

Beispiel
Einmal war ich Zeuge, wie ein Vorgesetzter den Rüstvorgang einer großen Anlage (3,5 Mio. € Investitionsvolumen und zudem noch eine Engpassmaschine) für ca. zwölf Minuten unterbrochen hat, weil er mit dem Maschinenführer im Moment des Rüstens klären musste, ob dieser für bestimmte Extraschichten zur Verfügung stehen würde. Auf meine Frage an den Maschinenführer, ob man den Sachverhalt nicht auch nach dem Rüstvorgang hätte klären können, antwortete dieser: „Ja klar, aber die da oben kriegen doch eh nichts mit und es ist völlig normal, dass Arbeitsabläufe gestört werden, ohne dass es sich um hohe Prioritäten handelt!"

Ein erster einfacher Tipp meinerseits ist, das Thema Rüsten sensibel zu behandeln. Aus meiner Sicht sollte niemand während des Rüstvorganges gestört werden.

Wie immer im Leben gibt es auch hier zwei Ausnahmen:

1. **Es geht um Leben und Tod** – Sollte das Unternehmen z. B. gerade abbrennen, wäre es fahrlässig, wenn niemand Bescheid sagt!

2. **Es ändert sich etwas an Ihrem Produkt** – Bei einer Verpackungsmaschine für Kataloge wäre es ärgerlich, wenn man dem „Rüster" die Änderung der zu verpackenden Menge je Karton erst nach dem Rüstvorgang mitteilt.

In der Praxis hat sich das „Achtung, wir rüsten!"-Schild (vgl. Abb. 49) etabliert. Sobald ein Rüstvorgang beginnt, hängen die Bediener das Schild an einer gut sichtbaren Stelle aus und nach entsprechendem Abschluss wieder ab oder es wird einfach umgedreht.

ACHTUNG
Diese Anlage wird gerüstet

Bitte, um **Fehler zu vermeiden** und
um **Kosten für Maschinenstillstände zu minimieren,**
den Rüstvorgang nur in sehr dringenden Fällen stören.

Abb. 49: Warnhinweis „Rüsten der Anlage"

Beispiel
Den effizienten Einsatz des Rüstschildes durfte ich bei einem Rundgang erleben. In der Produktion meines Kunden befinden sich drei Maschinen gleicher Natur in einer Reihe nebeneinander. Die erste Maschine ganz rechts hatte durch einen Aushang darauf aufmerksam gemacht, dass man sich im Rüstprozess befinde. Ein aus dem Büro kommender Sachbearbeiter ging direkt auf die Maschine zu – bis er das Schild sah. In dem Moment bog der Sachbearbeiter ab und ging zur Maschine Nr. 2, um dort sein Anliegen vorzubringen.

8.5   Gewährleistungen im Unternehmen

Die Gewährleistung in Unternehmen wird oft durch Arbeits- und Verfahrensanweisungen sichergestellt, sofern diese überhaupt vorhanden sind. Die gängigste Art sind hierbei Arbeitsanweisungen in Textform, was leider auch die schwächste und anfälligste Form der Verfahrensanweisungen darstellt. Viele Arbeitsanweisungen sind den Mitarbeitern in der Praxis nicht bekannt (ich vermute, dass die meisten Arbeitsanweisungen die Erfüllung der DIN ISO 9001 zum Ziel haben) und werden deshalb auch nicht angewandt.

Nutzen Sie die Möglichkeiten der Visualisierung, indem Sie einfache, klare und vom Anwender nachvollziehbare Anweisungen erstellen. Auch in diesem Beispiel bietet sich die direkte Beteiligung einiger Mitarbeiter als Co-Autoren an.

„Ein Bild sagt dabei mehr als 1.000 Worte!"

Um sicherzustellen, dass die Anweisungen beim Empfänger ankommen, eignen sich mehrere Maßnahmen:

1. **Zugänglichkeit der Anweisung direkt am Ort ihres Einsatzes**
   Die meisten Anweisungen befinden sich in verstaubten Ordnern oder sind in digitaler Form vorhanden. Achten Sie darauf, dass die Mitarbeiter direkten Zugang zu der Anweisung haben.

2. **Sicherstellung, dass die Anweisung vom Betreffenden gelesen und verstanden wurde**
   Dazu eigenen sich in der Praxis kurze Gespräche (z. B. zur Schichtübergabe), in denen der Inhalt der Anweisung präsentiert wird. Lassen Sie sich die Unterweisung auf der Rückseite eines Unterweisungsexemplars bestätigen, für den Fall, dass jemand im Nachhinein nichts davon gewusst haben will.

3. **Stichprobenartige Überprüfung**, indem die Betreffenden den Inhalt mit eigenen Worten erklären.

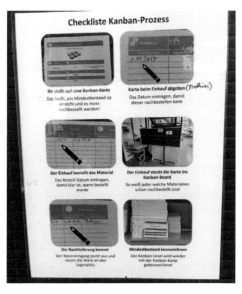

Abb. 50: Visualisierte Vorgabe zum richtigen Handeln

8.6 Kurzanleitungen

Kurzanleitungen sind einfache Anleitungen (in der Regel auf einem DIN-A4-Blatt) in Form einer Handlungsanweisung. Diese sollen die wichtigsten Eckpunkte eines Prozesses oder der Bedienung einer Maschine auf nachvollziehbare Weise darstellen und sich dabei direkt am Ort ihres Einsatzes befinden: Die Kunst bei der Nutzung von Kurzanleitungen ist es, sich zunächst einmal Klarheit darüber zu verschaffen, an welcher Stelle eine Kurzanleitung helfen würde:

1. bei Tätigkeiten, die oft von unterschiedlichen Personen verrichtet werden und dabei anfällig für Fehler oder Rückfragen sind,
2. zur Einarbeitung neuer Mitarbeiter,
3. bei Tätigkeiten, die nur selten anfallen.

Kurzanleitung Bestellkarten (Kanban-Methode, vgl. zu Kanban auch Kapitel 11.8)

Ziel
- Vermeidung von Fehl- und Doppelbestellungen (Vermeidung von Bestellung auf Zuruf)
- Wo werden die Bestellkarten eingesetzt? Bei allen Standard-Verbrauchsmaterialien

Bestellkarte		
Artikel	Lieferant	Artikelnummer Lieferant
Poroplast	Druckchemie	
Bestellmenge	Sicherheitsbestand	Lagerort
6 Stück	2 Stück	Kompressorraum
Bestellkarte bitte zum Büro Leiter Technik (Bestellkartenfach)		

Bestellvorgang
1. Vor der roten Linie (= Sicherheitsbestand) finden Sie eine Bestellkarte

2. Sobald das letzte Teil vor dem Sicherheitsbestand (rote Linie) genommen wird, ist die Bestellkarte weiterzugeben.

3. Auf jeder Bestellkarte steht, wo die Karte hingebracht werden muss.

Abb. 51: *Kurzanleitung Kanban*

Abb. 52: Einfache Handlungsanweisung für alle verständlich – Abweichungen von dieser Anweisung können unmittelbar erkannt und korrigiert werden

Hände waschen!!!

Sonst wird das: ... zu dem:

Abb. 53: Etwas provokant, aber zielführend!

Teil D

Die 5S-Methode und ihre fünf Schritte

9 Die 5S-Methode

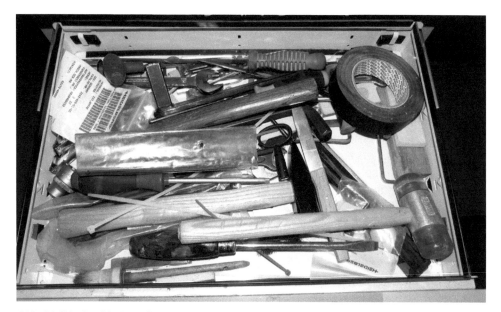

Abb. 54: Würden Sie diese Struktur gerne Ihrem Kunden vorstellen?

In meinem beruflichen Alltag habe ich es mit Unternehmen der unterschiedlichsten Größenordnungen zu tun. Insbesondere bei größeren Unternehmen treffe ich auf das Problem, dass der jeweilige Inhaber oder Geschäftsführer (in der Regel meine Ansprechpartner) zunächst keinen Blick für das Thema „Ordnung und Struktur" hat; zumindest wird damit nicht immer gleich eine Steigerung der Produktivität in Zusammenhang gebracht. Da nur wenige Geschäftsführer Werkzeugwagen, Materialschränke und Co. von innen und die damit verbundenen Probleme kennen, höre ich ab und zu: „Ach, das ist bestimmt kein großes Problem von uns. Ich denke, dass ich erwarten kann, dass meine Mitarbeiter die benutzten Dinge auch wieder dorthin zurückbringen, wo sie diese hergeholt haben!". Aus eigener Erfahrung weiß ich, dass dies Wunschdenken ist, das häufig ein ganzes Arbeitsleben lang vorhält, während es in der Praxis ganz anders aussieht.

Woran liegt das? Sind die Mitarbeiter nicht willens? Daran liegt es nicht. Jeder Mensch möchte Ordnung bzw. von Ordnung profitieren, es ist nur nicht jeder bereit, dafür etwas zu tun. In meinen Schulungen und auch darüber hinaus habe ich noch keinen Menschen kennengelernt, der sagt: „Mir geht es nur dann gut, wenn ich etwas suche und es nicht finde!". Es ist schwer vorstellbar, dass es so einen Menschen gibt.

Bevor wir im Detail in die 5S-Methode einsteigen, möchte ich Ihnen meine Definition der 5S-Methode erläutern.

5S ist für mich die Transparenz aller Dinge. Damit eingeschlossen sind alle physischen Prozesse (Betriebsmittel, Rohware, Werkzeuge, Ersatzteile etc.) als auch sämtliche Informations- und Kommunikationsprozesse (Informationsfluss, Kommunikation untereinander, Beteiligung). Totale Transparenz hört sich dabei zunächst sehr heftig an und viele, die das hören, entwickeln genau in diesem Moment einen Abwehrmechanismus. Mit Transparenz ist nichts anderes als absolute Einfachheit gemeint und daran, dass Prozesse so einfach wie möglich sind, kann sicherlich nichts Falsches sein. Grundsätzlich folgen Menschen gern Regeln, jedoch ist es den meisten Menschen auch wichtig, einen gewissen Grad an Selbstbestimmung zu haben. Dies kann eine Hürde für die 5S-Methode darstellen, denn wendet man sie an, kommt eventuell zunächst das Gefühl auf, dass nun jeder Millimeter exakt vorgegeben ist und es strenge Regeln für alles gibt.

Vor einiger Zeit hat die Geschäftsführerin eines Verbandes zu mir gesagt: „Für die Produktion finde ich das ja durchaus sinnvoll, aber in meinem Bereich, der mit viel Kreativität zu tun hat, würde ich die 5S-Methode nicht sehen!". Der Aussage vorangegangen war ein zweieinhalbstündiger Vortrag von mir zum Thema „Lean Management", weshalb ich mich im Moment ihrer Aussage gefragt habe, was ich beim nächsten Vortrag besser machen kann. Offensichtlich habe auch ich 5S dem Zuhörer so präsentiert, dass jetzt alles strikt vorgegeben ist und der Kreativität kein Raum mehr gelassen wird.

5S hat je nach Gegenstand Ihrer Unternehmung und Kultur zum Teil stark unterschiedliche Ausprägungen. Insbesondere dann, wenn kreative Arbeit von Bedeutung ist, sollten die „Kreativen" ihre wertvolle Zeit nicht mit dem Suchen von Dingen oder Informationen verbringen müssen.

Viele meiner Kunden rufen mich an und möchten, dass ich mithelfe, ihr Unternehmen ordentlicher und strukturierter zu gestalten. In der Regel ist damit das „äußere Erscheinungsbild" gemeint. Den einen oder anderen Auftrag habe ich nicht bekommen, weil es dem Unternehmen zu sehr in die Tiefe ging und man lieber eine oberflächliche Ordnung geschaffen hätte, anstatt wirklich nachhaltig etwas an der Struktur und Kultur im Unternehmen zu verändern. Um mit der 5S-Methode erfolgreich zu sein, bedarf es eines ehrlichen Umgangs untereinander. 5S bietet fantastische Möglichkeiten, doch bevor Sie davon profitieren können, müssen Ihre Mitarbeiter in nicht unerheblichem Maße Zeit investieren. In der Produktion benötigen Sie für die Umsetzung ca. zwei bis fünf Tage je Mitarbeiter. Die Werkstatt als Königsdisziplin für die 5S-Methode, was die Anzahl an unterschiedlichen Teilen anbelangt, benötigt deutlich länger.

In vielen Interpretationen der 5S-Methode wird das „Reinigen" der Maschine mit einbezogen. Nach meiner Interpretation der 5S-Methode klammere ich den Reinigungsprozess der Maschine aus. Eine optimale Maschinenpflege ist unabdingbar für erfolgreiche Unternehmen. Die Kaizen-Philosophie hat mit der Methode „Autonome Instandhaltung" ein weiteres Werkzeug, welches sich mit der optimalen Pflege und Wartung von Maschinen befasst. Da die Autonome Instandhaltung ein separater Trainingsbaustein ist, gehe ich hier nicht näher auf „Reinigungsprozesse an Maschinen und Anlagen ein".

9.1 Warum braucht es eine Methodik wie 5S?

Einige Unternehmen und Führungskräfte sehen keine Notwendigkeit in der Einführung einer Methodik, die die Zusammenarbeit in sämtlichen Bereichen ordnet und verbessert. Ohne den Einsatz einer Methodik wird es keinem Unternehmen gelingen, verlust- und stressfreie Arbeitsplätze aufzubauen.

Die Notwendigkeit eines „Systems für dauerhafte Ordnung" ergibt sich aus den folgenden Sachverhalten:

- aufgrund gewachsener und nicht angepasster Strukturen,
- kein Mitarbeiter mag das Suchen,
- kein Kunde bezahlt das Suchen,
- vereinzelte Maßnahmen der Mitarbeiter und Führungskräfte haben keinen dauerhaften Bestand,
- jeder sieht die Dinge unterschiedlich,
- durch die 5S-Methode ergeben sich weitere Herausforderungen,
- Platz sparen.

9.1.1 Führungskräfte und Mitarbeiter ausbilden

Obwohl die 5S-Methode bereits seit Ende der 1980er-Jahre in Deutschland bekannt ist, wird die Methode erst von schätzungsweise 5 % aller deutschen Unternehmen angewandt, insbesondere in mittelständischen Unternehmen ist die 5S-Landkarte noch ziemlich weiß. Von diesen 5 % wiederum haben ca. 80 % 5S so umgesetzt, dass die Mitarbeiter nicht wirklich mitgenommen wurden und dadurch oftmals die Akzeptanz fehlte. Häufig enden die 5S-Aktivitäten wie ein Strohfeuer. Unternehmen, die Lean Management beginnend mit der 5S-Methode einführen wollen, sind gut beraten, nicht nur die Führungskräfte auszubilden, sondern auch die Mitarbeiter.

Im ersten Moment hört sich die Umsetzung für die Mitarbeiter nach Mehrarbeit an, auf die in der Regel niemand wartet. Aus diesem Grund ist es wichtig, den Mitarbeitern aufzuzeigen, was der Aufwand der Umsetzung für das Unternehmen und jeden Mitarbeiter im Ergebnis mit sich bringen kann.

In einigen Unternehmen, die 5S einführen wollen, werden sogenannte Projektteams gebildet, die dann wiederum die Aufgabe haben, 5S in der Praxis umzusetzen. Dieses Vorhaben klappt in der Regel nur in zentralen Bereichen, wie z. B. Materiallagern und Stellflächen. Auf der Ebene der Arbeitsplätze der Mitarbeiter werden die Projektteams teilweise als „Eindringlinge" durch die Mitarbeiter gesehen. „Jetzt wollen die mir sagen, wie ich meine Arbeit besser zu machen habe!", ist ein oft auftretendes Gefühl bei den Mitarbeitern. Es ist möglich, 5S in der Praxis ohne die Mitarbeiter umzusetzen, jedoch werden das inhaltliche Ergebnis und die Langlebigkeit nicht so stark sein, wie wenn die Mitarbeiter eingebunden werden und ihre Arbeitsumgebungen unter Berücksichtigung der 5S-Methode selbst gestalten.

Auf den Propheten im eigenen Land wird oftmals nicht gehört, weshalb die Begleitung der Einführung durch einen erfahrenen externen Trainer in der Praxis Sinn macht. Diese haben den Vorteil, dass sie über Erfahrung in der Umsetzung verfügen. Ein guter Trainer weiß dabei nicht nur, wie es methodisch funktioniert und welche Hürden auf Sie warten werden, sondern zeichnet sich im Wesentlichen dadurch aus, dass er einen Zugang zu Ihren Mitarbeitern bekommt und diese begeistern kann.

Zahlreiche Studien belegen mittlerweile, wie vielversprechend „Change-Projekte" sein können, bei denen sowohl die Mitarbeiter als auch die Führungskräfte in die Veränderungsprozesse mit einbezogen werden. In diesem Zusammenhang sprechen wir von Partizipation (vgl. Greif, S./Runde, B./Seeberg, I. (2004): Erfolge und Misserfolge beim Change Management. Göttingen).

9.1.2   Macht die Umsetzung von 5S an allen Stellen Sinn?

Viele Dinge, die Unternehmen bevorraten, werden nicht täglich oder gar nur selten benutzt. Darüber hinaus gibt es Teile, die nicht gesucht werden oder aber einfach substituiert werden können. Macht es Sinn, sich hier die Mühe für die Umsetzung von 5S zu machen? Absolut, jedoch in einfacherer Form als bei gängigen Materialien. Die einfachste Umsetzung der 5S-Methode ist es, diese zu 100 % umzusetzen. Alles, was unter der 100 %igen Umsetzung liegt, führt in der Praxis dazu, dass permanente Diskussionen geführt werden und die neu eingeführte Methodik nach und nach einschläft. Führen Sie 5S an allen Stellen ein! So viel zunächst zum Ziel. In der Praxis macht es vor dem Hintergrund des Aufwandes an einigen Stellen keinen Sinn, diese zu 100 % zu ordnen. In einigen Fällen sind „Sammelbereiche/

Krimskramskisten" durchaus möglich. Achten Sie jedoch darauf, dass diese Bereiche klar definiert sind und es sich dabei um die Ausnahme handelt.

9.2 Zustand vor der Einführung von 5S

Die folgenden Bilder (vgl. Abb. 55 bis 58) zeigen die „normale Struktur" in vielen Unternehmen ohne 5S.

Abb. 55: Chaotische Lagerung von Werkzeugen in einem Werkzeugwagen

Abb. 56: „Geerbter" Holzschrank aus der Verwaltung

Abb. 57: Unübersichtliche Lagerung von Ersatzteilen (mehr als 100 verschiedene Riemen und Bänder)

Abb. 58: Ersatzteillagerung im Materialschrank ohne System

Beispiel

Eine kleine Geschichte zu diesem Vorher-Foto, das in einem großen Unternehmen mit mehr als 1.000 Mitarbeitern aufgenommen wurde. Der dortige Geschäftsführer ist im Zuge meiner Vorstellung mit mir durch die Produktion gegangen. Beim Öffnen der Schublade (vgl. Abb. 59) sagte er zu mir: „Herr Lehmann, das ist doch schon so, wie Sie sich das vorstellen, oder?". Ich habe daraufhin darum gebeten, dass wir einen Maschinenführer dazu holen, der sich in dem Bereich auskennt. Gemeinsam vor der Schublade stehend habe ich den Maschinenführer gefragt: „Können Sie mir sagen, welches Werkzeug in der Schublade fehlt?". Seine Reaktion darauf: „Natürlich nicht! Wie denn bei der Unordnung?".

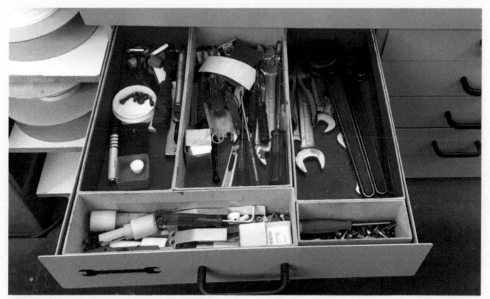

Abb. 59: „Scheinbar" geordnete Schublade

Wir haben die Schublade dann gemeinsam aussortiert und einen Gabelschlüssel doppelt gefunden. Auf meine Frage, ob es einen Anwendungsfall gäbe, wo er zwei Mal das gleiche Werkzeug parallel benötigt, antwortete er „Nein!". Eine besonders interessante Antwort habe ich dann auf die nächste Frage erhalten.

„Wissen Sie, ob alle anderen Maschinen auch das Werkzeug benötigen, das Sie hier doppelt haben?" Antwort des Maschinenführers: „Ja, dem ist nicht so. Der Manfred von Maschine Nr. 2 holt sich ca. zwei Mal pro Woche diesen Schlüssel und bringt ihn auch jedes Mal wieder zurück!".

Jetzt haben Sie als Verantwortlicher mehrere Möglichkeiten, mit solchen Themen umzugehen. Eine Möglichkeit wäre, Sie besorgen sich eine Flasche Schnaps und machen noch das Beste aus dem Tag. Eine andere wäre es, die eigenen Mitarbeiter und Prozesse wegen ihres Unverständnisses zu verfluchen. Die Dritte – und das ist die einzig sinnvolle – Sie akzeptieren, dass es sich dabei um eine Ursache handelt, die in der mangelnden Betriebsorganisation zu finden ist, und Sie stellen das Ganze ab, indem Sie methodisch – unter aktiver Beteiligung Ihrer Mitarbeiter – etwas dagegen tun. Zur Verteidigung der Mitarbeiter möchte ich nicht unerwähnt lassen, dass die Mitarbeiter einfach nicht gesehen haben, dass zweimal das gleiche Werkzeug an einer Maschine vorhanden ist.

Abb. 60: Unstrukturierte und unschöne Gestaltung von Informationen an einem Materialschrank

Abb. 61: Erkennung von fehlenden Lagern und Riemen erst im Bedarfsfall

Abb. 62: Fehlende Transparenz

Abb. 63: Materialschrank mit vorprogrammierten Suchzeiten

9.3 Erläuterung der 5S-Methode

Die 5S-Methode dient dem Aufbau und Erhalt von verlust- und stressfreien Arbeitsplätzen und Umgebungen. Sie besteht aus fünf Schritten, die mit dem Buchstaben S beginnen.

1. Sortiere aus
2. Systematisieren
3. Sauber halten
4. Standardisieren
5. Ständige Verbesserung

Alle fünf Schritte zusammen ergeben einen in sich geschlossenen Kreislauf (vgl. Abb. 64), d. h. Sie bauen die Struktur einmal auf, behalten diese bei und entwickeln Sie weiter.

Zum Teil wird die 5S-Methode auch 5A-Methode (Aussortieren, Aufräumen, Anordnen, Arbeitsplatzsauberkeit, alle Punkte einhalten und verbesser) genannt. Viele Unternehmen erweitern die 5S-Methode im Laufe der Zeit um ein weiteres S. Das sechste S bedeutet dabei Sicherheit am Arbeitsplatz.

5S steht nicht für das Aufräumen, sondern für störungsfreie Arbeitsplätze, an denen nicht gesucht und möglichst fehlerfrei gearbeitet wird. In weiterer Ergänzung dazu bietet die 5S-Methode die Möglichkeit, die Zusammenarbeit im Bereich der Information und Kommunikation zu verbessern. 5S ist daher nicht nur ein einfach anwendbares Werkzeug, sondern darüber hinaus eine Kultur und Denkweise.

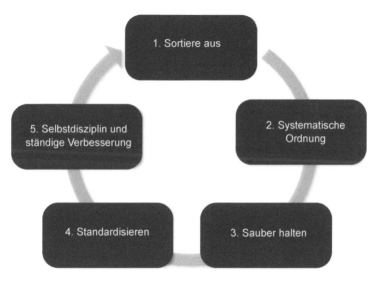

Abb. 64: Die 5S-Methode mit ihren fünf Schritten

Abb. 65: PC-Arbeitsplatz in der Produktion – un-geordnete Buchungen, Arbeitsanweisungen etc.

Abb. 66: Schublade eines Rollcontainers in der Produktion – Status: übervoll

Abb. 67: Unschöne Lagerung von Werkzeugen und Ersatzteilen auf der Maschine

Abb. 68: Werkstätten sind wegen der Vielzahl an Teilen die Königsdisziplin bei der Umsetzung von 5S

Die meisten Menschen haben ihren Keller schon mehr als einmal im Leben auf-geräumt, was dem Umstand geschuldet ist, dass wir als Privatmenschen nur 2S (Sortieren und systematisieren) kennen:

1. **Schritt**: Sie trennen sich von Dingen, die Sie nicht mehr benötigen wie z. B. Kleidung

2. **Schritt**: Sie überlegen, was an welcher Stelle angeordnet werden soll. Wo und wie werden Werkzeuge, Weihnachtsdekoration, Winterreifen und sonstige Din-ge, die sich im Keller befinden, gelagert?

Leider kommen wir nicht viel weiter und dann kommt der Tag, an dem haben Sie entweder keine Zeit, keine Lust oder beides zusammen. Sie möchten etwas im Kel-ler an die dafür vorgesehene Stelle legen, aber draußen ist es heiß und Sie wollen schnell zum Schwimmen oder zum verabredeten Grillnachmittag. Also legen Sie die Dinge, die Sie in den Keller bringen wollten, in der Nähe der Kellertür ab und verschließen diese wieder. Das war das Begräbnis der Ordnung, quasi der erste Schritt zum alten Verhaltensmuster.

Dieses Verhaltensmuster berührt uns nicht nur als Privatmensch, sondern auch als Mitarbeiter eines Unternehmens. Auch im Unternehmen verändern sich Dinge, d. h., neue Dinge kommen hinzu, und auch im Unternehmen kommt es vor (da gehe ich jetzt von mir aus), dass Menschen ab und zu keine Lust, Zeit oder beides in Kombination haben, etwas ordentlich wegzuräumen. Aus diesem Grund verankert die 5S-Methode fünf Schritte. Wenn Sie alle Schritte innerhalb Ihres Unternehmens gehen, kann ich Ihnen aus eigener Erfahrung den Erfolg garantieren. Sollten Sie einen Schritt dabei einsparen wollen, wird Ihnen das Kartenhaus eines Tages zusammenbrechen und Sie fangen von vorn an.

Abb. 69: Groß geschriebene Hinweise helfen nur in seltenen Fällen – Beispiel Abweichung vom Soll

Einige von Ihnen werden jetzt schon der Meinung sein, dass so ein System bei Ihnen nicht möglich sei, was eventuell an den folgenden Umständen aus Ihrer Sicht liegen könnte:

- Sie haben besonders schwierige Produkte und Rahmenbedingungen! Gleiches gilt für Ihre Mitarbeiter und Führungskräfte!
- Veränderungen halten bei Ihnen nicht lange!
- In der anderen Schicht arbeiten schlimme Menschen (in der Regel ist die andere Schicht Schuld an allem)!
- Sie müssen kreativ arbeiten – Chaos wird oft mit Kreativität verwechselt, aber wie soll sich ein Mensch entfalten können, wenn er dafür benötigte Betriebsmittel oder Informationen erst einmal suchen muss?
- Die Umsetzung der 5S-Methode dauert Ewigkeiten und ist mit hohen Kosten verbunden!
- Sie haben keine Zeit für so etwas!

Ich kann mich noch gut an meine Antrittsrede als Prozessmanager und Werkleiter im Jahre 2009 vor ca. 100 Mitarbeitern eines mittelständischen Industrieunternehmens erinnern. Vorangegangen war eine achtjährige Laufbahn bei einem der größten Automobilzulieferer Deutschlands. Dort war ich zuletzt an einem Standort mit ca. 1.300 Mitarbeitern Leiter der Operativen Logistik und für ca. 130 Mitarbeiter verantwortlich. In der Automobilindustrie waren Veränderungen bereits zu meiner Berufsstartzeit um das Jahr 2000 herum an der Tagesordnung. Die bekannten Systeme aus der Automobilindustrie wurden an vielen Stellen auf die Zulieferer übertragen und deren Erfolg von Herstellern wie VW, BMW und Co. durch „Audits" überwacht. Nach acht Jahren Großkonzern gab man mir nun als Prozessmanager und Werkleiter die Aufgabe, den Lean-Management-Gedanken mit seinen Werkzeugen in ein mittelständisches Unternehmen mit insgesamt 400 Mitarbeitern an allen Standorten zu übertragen. Darüber hinaus war das Unternehmen familiengeführt, mit all seinen Vor- und Nachteilen.

Zurück zu meiner Antrittsrede: Voller Enthusiasmus habe ich den Mitarbeitern von meiner Vision der einfachen Zusammenarbeit erzählt. Mit Ausnahme der Geschäftsführung haben die Mitarbeiter dabei gedacht: „Der Spinner aus der Automobilindustrie ist schneller wieder weg, als er gekommen ist. Wir verarbeiten hier ein besonderes Produkt. Das ist nicht so leicht wie in der standardisierten Automobilindustrie!". Ich für meinen Teil habe dagegen gedacht, dass es komplex wäre, mehr als 100.000 eigene Artikel herzustellen, die wiederum aus mehreren Milliarden Bauteilen bestehen, die zudem weltweit eingekauft und verkauft werden müssen (unter Berücksichtigung aller Konformitäten, die es weltweit gibt). Es ist immer so: Jeder sieht seinen Prozess, sein Umfeld als das mit der größten Herausforderung an.

Im Ergebnis habe ich dann sieben Jahre erfolgreich für das mittelständische Unternehmen gearbeitet. Dem Unternehmen verdanke ich es auch, dass ich heute die Möglichkeit habe, ein Stück weit dazu beizutragen, die Arbeitswelt ein wenig einfacher und stressfreier zu gestalten. Nach ca. drei Jahren hat sich die Geschäftsführung des größten Kunden für das Produktionssystem interessiert. Man hätte von den eigenen Sachbearbeitern, die häufig zu Produktabnahmen im Haus waren, gehört, dass es eine enorm positive Veränderung gegeben hätte.

Als der Kunde uns besucht hat, konnte dieser seinen Augen kaum trauen. Egal an welcher Stelle des Unternehmens, es war überall eine einfache Transparenz im Ablauf zu erkennen, sodass sich selbst der Kunde an vielen Stellen direkt zurechtgefunden hat. Dazu haben die Auswertungen und Befragungen der Sachbearbeiter ergeben, dass die Zusammenarbeit mit uns als Lieferanten nun als professioneller empfunden wurde, was sich nicht nur in der Kommunikation, sondern auch im praktischen Ergebnis durch die Reduzierung von Beanstandungen niederschlug.

Der Geschäftsführer des Kunden war umso erstaunter, da man im eigenen Unternehmen seiner Aussage nach in den letzten 30 Jahren zwei Mal den Versuch unternommen hatte, Lean Management bzw. die 5S-Methode einzuführen. Zweimal sei man damit gescheitert. Gemeinsam mit dem Kunden haben wir dann versucht, die Unterschiede bei der Umsetzung herauszufiltern und zu erfahren, warum es bei uns geklappt hat und beim Kunden nicht. Ein wesentlicher Unterschied war der Umstand, dass wir in unserem Unternehmen nicht nur die Führungskräfte ausgebildet, sondern gleichermaßen die Mitarbeiter mitgenommen haben.

Neben dem richtigen „Mitnehmen" ist das „Zuhören" und „Machen lassen" (Vertrauen) elementar für den langfristigen Umsetzungserfolg (insbesondere bei der 5S-Methode). Für die Führungskräfte ist es nicht immer einfach, die neue Verhaltensweise umzusetzen und die eigenen Mitarbeiter für neue Wege zu überzeugen. Oftmals fehlt die notwendige Begeisterung und selbst wenn diese vorhanden ist, werden im Vorfeld oft kritische Stimmen laut. Diesen zu begegnen kostet eine Führungskraft viel Energie und nimmt schnell die Motivation für das Thema. Die Kunst bei der Implementierung der 5S-Methode ist eine möglichst hohe Beteiligung der Mitarbeiter. Der Beteiligungsprozess stellt dabei einen wichtigen Faktor für die Akzeptanz der Mitarbeiter dar. Je höher der Grad der Beteiligung ist, desto stärker wird die Akzeptanz ausgeprägt sein. Denn Beteiligung schafft Akzeptanz. Niemand kennt den Arbeitsplatz besser als der Mitarbeiter selbst, an dem er acht Stunden täglich arbeitet. Diese wertvolle Erfahrung gilt es zu nutzen, indem die Mitarbeiter aktiv in Veränderungen mit eingebunden werden.

9.4   Was ist die 5S-Methode *nicht*?

Die 5S-Methode wird gern mit „Aufräumen" verglichen und somit falsch eingeordnet, denn das Wort „Aufräumen" impliziert eine Wiederholung des Vorganges. 5S hilft Ihnen, die geschaffene Struktur dauerhaft beizubehalten, was einen wesentlichen Unterschied zum Aufräumen darstellt.

Die 5S-Methode ist
- keine Aufräumaktion,
- kein Showeffekt für Kunden und
- keine Methode mit statischen Regeln (Top-down-Organisation).

Die folgenden Ausführungen dienen als Anleitung für die Produktion. Eine spezifische Anleitung für die Verwaltung finden Sie im Anschluss (vgl. Kap. 18).

10 Schritt 1: Sortiere aus

Bevor Sie starten, legt zunächst das Workshopteam – begleitet vom Verantwortlichen für den Workshop – fest, was genau im Workshop gemacht wird: Um welchen Bereich geht es? Wo beginnt z. B. die Maschine, wo endet sie? Welche Werkbank, welcher Schrank und welches Regal?

Achten Sie darauf, sich nicht zu viel vorzunehmen. Alle Gewerke, die ausgeräumt werden, müssen bis zum Workshopende strukturiert sein, sonst finden Sie sich am Tag nach dem Workshop im Chaos wieder. Sollten Sie während des Workshops erkennen, dass Sie mehr schaffen, nehmen Sie weitere Bereiche wie Schränke, Regale, Werkzeugwagen oder Maschinen(-teile) dazu.

Zu Beginn des Prozesses steht die Trennung von allen Dingen, die nicht zur Erfüllung der Arbeit benötigt werden. In diesem Schritt geht es darum, nur noch die Dinge im Arbeitsbereich bzw. am Arbeitsplatz zu haben, die für die Erfüllung der Aufgabe notwendig sind. In der Praxis kann dieser Schritt der mühsamste sein, da es je nach Umfang in dem jeweiligen Bereich zahlreiche Dinge zu klären gibt, die schon seit langer Zeit hätten geklärt werden müssen. Einmal damit begonnen, wirkt es aber sehr befreiend und macht den Beteiligten Freude in der Umsetzung.

10.1 Auseinandersetzung mit allen Materialien

Die Mitarbeiter vor Ort (Experten) haben innerhalb des Workshops die Aufgabenstellung, sich mit allen im Workshopbereich befindlichen Dingen auseinanderzusetzen. Dabei werden alle losen Dinge von der Maschine sowie aus Schränken, Schubladen und Werkbänken vollständig ausgeräumt. Anschließend werden alle Teile in drei Kategorien unterteilt.

1. Was wird zum Arbeiten benötigt?
2. Was wird nicht zum Arbeiten benötigt und ist Müll?
3. Was wird nicht zum Arbeiten benötigt, da es in diesem Bereich nicht zum Einsatz kommt?

Damit die Arbeit während des Sortiervorganges möglichst ergonomisch ist, sollten Paletten oder Rollwagen für die drei oben genannten Kategorien zum Einsatz kommen. Die Mitarbeiter vor Ort treffen die Entscheidung, soweit sie die erforderliche Kompetenz zur Beurteilung der Teile haben, und führen die Begutachtung durch:

Wird dieses Teil zum Arbeiten an diesem Arbeitsplatz/Bereich benötigt?

- Wenn ja, bleibt das Teil zunächst in dem Bereich.
- Wenn nein, handelt es sich entweder um einen „Klärungsfall" (Dinge, die kein Müll sind und zum Arbeiten in dem Bereich nicht benötigt werden, wie z. B. alte Ersatzteile) oder um „Müll" (veraltete Dokumente, Plastik, Schrott).

Es ist sinnvoll, den Müll nicht direkt zu entsorgen. Zum einen bekommen Sie am Ende der Aktion einen Einblick, wie viel Müll Sie im Laufe der Zeit angesammelt haben. Zum anderen ist so mancher Müll gar kein kein Müll, sondern kann recycled werden – einmal entsorgt ist er weg! Manche Dinge wiederum sind kein Müll, aber zum Arbeiten werden sie an dieser Stelle nicht benötigt. Dies betrifft z. B. ältere Ersatzteile. Wenn diese Teile auch in anderen Bereichen des Unternehmens nicht gebraucht werden, versuchen Sie, sie zu verkaufen.

10.2   Klärungs- und Müllpalette

Dinge, die einem Bereich nicht zugeordnet werden können, aber kein Müll sind, werden auf eine „Klärungspalette" gelegt. Die Klärung der darauf befindlichen Teile kann nach dem Workshop geschehen. Ein häufig vorkommendes Beispiel für die Klärungspalette sind überzählige Werkzeuge. Alles, was an Werkzeug nicht benötigt wird, sollte an einem zentralen Platz, z. B. der Werkstatt gelagert werden. Andere Abteilungen können sich aus diesem Fundus bedienen.

Wie voll die jeweiligen Paletten werden, ist bei jedem Unternehmen unterschiedlich (vgl. Abb. 70 und 71). Es kommt durchaus vor, dass sich drei Blätter Papier auf der Müllpalette und nichts auf der Klärungspalette befindet. Diese Unternehmen haben im Vorfeld bereits auf die Einhaltung von Strukturen geachtet, gehen nun aber noch einen Schritt weiter.

Abb. 70: Diverse nicht benötigte Teile auf einer Klärungspalette

Abb. 71: Klärungspalette mit nicht benötigten Werkzeugen

Der größte Wert, den Klärungsposten in einem meiner Trainings durch den späteren Verkauf erzielten, waren ca. 13.000 €. Das bedeutet im Umkehrschluss, dass das Unternehmen 13.000 € für Dinge ausgegeben hat, die faktisch nicht benötigt wurden. Wie kam es zu einer derart hohen Kapitalbindung an Werkzeuge?

Abb. 72: Klärungsfläche mit nicht benötigten Materialien mit einem Wert von 13.000 € an einer Maschine

Beispiel 1
Beim besagten Unternehmen handelte es sich um einen 4-Schicht-Betrieb mit je zwei Maschinenführern (große Anlage). Jeder der acht Maschinenführer hatte eine eigene Werkzeugkiste. Da die Kollegen jedoch maximal zu zweit auf einer Schicht unterwegs sind, wurde das Werkzeug, das acht Mal vorhanden war, nie parallel benutzt. Die Anschaffung von sechs dieser Werkzeugkisten war somit überflüssig.

Historie: Ursprünglich hatten die Maschinenführer aus dem Betrieb zwei Werkzeugwagen. Da die acht Kollegen sich jedoch ständig über die Verfügbarkeit des Werkzeuges ärgerten und es zu Streitigkeiten unter den Kollegen kam, wurde entschieden, dass jeder Maschinenführer sein eigenes Werkzeug bekommt. Dieses haben die Kollegen jahrelang in einer Kiste herumgetragen, die sie nach fast jedem Vorgang abschließen und entsprechend wieder öffnen mussten. Diese Lösung schien damals auch nicht wirklich optimal, aber besser als sich über die Kollegen zu ärgern und das Werkzeug zu suchen. Durch die Einführung von 5S haben die dortigen Maschinenführer so viel Vertrauen zurückgewonnen, es wieder mit zwei

Masterwerkzeugwagen zu versuchen, zumal das regelmäßig benötigte Werkzeug nun genau an den Stellen angebracht wurde, wo es benötigt wird. So wurde der Werkzeugwagen deutlich leichter. Den Versuch, der 2015 startete, haben die Kollegen bis heute (2019) nicht bereut. Die überzähligen Werkzeuge hat man übrigens sortiert in der Werkstatt abgelegt und in den nächsten Jahren mussten keine Werkzeuge nachgekauft werden.

Beispiel 2
Der Maschinenführer hat beim Aussortieren an der Maschine ein „Ersatzteil" gefunden, das er noch nie gesehen hat. Da der Instandhalter als Experte für Ersatzteile auch in dem Workshop war, nutzte er die Möglichkeit das gefundene „Ersatzteil" anzusprechen mit entsprechender Reaktion vom Instandhalter: „Diesen Stößel wollte ich vor sechs Monaten in die Maschine einbauen. Nachdem ich das Teil bestellt und bekommen habe, bin ich zu Eurer Maschine gegangen und habe den Stößel jemandem gegeben, mit der Bitte, es gut wegzulegen, da ich es in den nächsten Tagen einbauen wollte. Leider habe ich mir nicht gemerkt, wem ich das Teil gegeben habe. Einige Tage später wusste keiner mehr etwas von dem Stößel! Nach langem erfolglosem Suchen – dafür haben wir uns mit zwei Personen zwei Stunden Zeit genommen – haben wir wegen der Dringlichkeit der Reparatur entschieden, das Teil neu zu kaufen. 500 € mussten zusätzlich aufgewendet werden und das hat mich sehr geärgert.". Der Maschinenführer guckte nun etwas entgeistert: „Na und? Dann bau den Stößel doch beim nächsten Defekt ein." Antwort des Instandhalters: „Das wird nicht passieren! Die Maschine ist 20 Jahre alt und der Stößel nach 20 Jahren das erste Mal defekt. In drei Jahren werden wir die Maschine austauschen. Die Wahrscheinlichkeit, dass wir den überflüssigen Stößel noch benutzen, geht gegen Null!".

Abb. 73: *Klärungspalette (links) und Müllpalette (rechts)*

Ich muss an dieser Stelle nicht erwähnen, wie ärgerlich ein solcher Vorfall ist. 500 € sind zum einen viel Geld, mit dem sinnvollere Dinge angestellt werden könnten, und zum anderen war der Stress der Beteiligten (in solchen Momenten herrscht oft schlechte Stimmung) absolut vermeidbar und unnötig.

Die Müllpalette ist nur für Dinge, die als „Müll" identifiziert werden, z. B. veraltete Dokumente, defekte und nicht mehr zu gebrauchende Teile. Gegebenenfalls kann der Müll noch einmal gemeinsam gesichtet werden, damit ausgeschlossen wird, dass etwas als Müll deklariert wird, was evtl. noch eingesetzt werden kann.

10.3 Säubern der Schränke, Regale etc.

Nutzen Sie die Chance der leeren Schränke, Werkbänke und sonstigen Dinge, die Sie sonst nicht zu Gesicht bekommen und reinigen Sie diese einmal groß durch (vgl. Abb. 74).

Bitte achten Sie darauf, dass Sie nicht zu viel Zeit in die Reinigung stecken. Dazu fehlt im Workshop die Zeit.

In der Vorbereitung der Workshopaktion ist darauf zu achten, dass entsprechende Reinigungsmittel zur Verfügung stehen.

Abb. 74: Reinigung eines Materialschrankes

11   Schritt 2: Systematisch ordnen

Nachdem das Aussortieren die erste Befreiung und Klarheit im Umgang mit den jeweiligen Dingen im Arbeitsbereich gebracht hat, ist der nächste Schritt die strukturierte Anordnung der Dinge.

11.1   Ziel dieses Schrittes

Dieser Schritt umfasst das Ziel, möglichst kurze Zugriffszeiten (30 Sekunden) auf benötigte Dinge wie Werkzeuge, Ersatzteile, Betriebsmittel und Informationen zu haben. Geben Sie jedem Teil eine feste Adresse! Mit festen Adressen sind an dieser Stelle sogenannte Parkplätze gemeint, auf welchen sich die Arbeitsmaterialien insbesondere zum Ende der Arbeit wiederfinden.

Dafür müssen die folgenden Fragen beantwortet werden?
- Was wird benötigt?
- Wo wird es benötigt?
- Wie viel wird davon benötigt?

Ziel ist eine 100%ige Transparenz, was in der Umsetzung bedeutet, dass jedes Teil einen eigenen, spezifischen Platz bekommt. Eigentlich müssten alle Dinge in Ihrem Unternehmen eine Bedeutung haben, sonst wären Sie ja nicht da. Wenn etwas also von Bedeutung ist, macht es dann nicht auch Sinn, damit strukturiert umzugehen? Sobald sie beginnen, die 5S-Methode nur vereinzelt bei vermeintlich wichtigen Dingen umzusetzen, laufen Sie Gefahr, sich in endlosen Diskussionen mit den Beteiligten zu verstricken und dabei niemals fertig zu werden.

 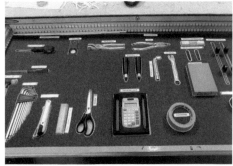

Abb. 75: Unübersichtliche Werkzeugschublade – Fehlendes ist nicht zu erkennen

Abb. 76: Systematische Anordnung in einer Werkzeugschublade – Fehlendes wird auf einen Blick erkannt

Beispiel

Johann, ein Mitarbeiter in einem Unternehmen mit technischen High-End-Produkten, bezeichnete seinen Arbeitsbereich zu Beginn der 5S-Umsetzung als „Dorfschmiede". Der Mitarbeiter selbst war mit der bis dahin bestehenden Struktur und Ordnung seines Arbeitsbereiches sehr unzufrieden. Die Umsetzung der 5S-Methode hat bei Johann nicht nur zu einem störungsfreien Arbeitsplatz geführt, sondern auch zu einem zufriedeneren Menschen.

11.2   Der Start der Umsetzung

Sinnvoll ist es, ein Team mit der Maschine, der Anlage oder dem direkten Arbeitsbereich beginnen zu lassen. Ein Team sollte dabei aus ca. zwei bis vier Personen bestehen. Starten Sie an einem Punkt der Maschine, z. B. dem Start des Maschinenprozesses. Überlegen Sie an jeder Stelle der Maschine oder Ihres Arbeitsbereiches (im Falle von z. B. Montage, Werkstatt, Logistikarbeitsplätzen – nicht maschinelle Bereiche), was dort konkret benötigt wird und in welcher Häufigkeit.

Beispiel

Eine Maschine besteht aus drei Hauptaggregaten und ist sechs Meter lang. Am ersten Aggregat werden für die tägliche Arbeit
- zwölf unterschiedliche Werkzeuge (u.a. einen 6er, 7er und 8er Inbus),
- Reinigungsmittel,
- Gleitmittel,
- Handschuhe der Mitarbeiter und
- Einweghandschuhe

benötigt.

Am mittleren Aggregat (zwei Meter entfernt) werden zwei Werkzeuge eingesetzt, die an Aggregat 1 auch schon zum Einsatz kommen. In dem Fall ordnen Sie das Werkzeug ein zweites Mal der Maschine zu. Ein Inbussatz von guter Qualität kostet um die 22 €, d. h., ein einzelner Inbusschlüssel liegt bei ungefähr 4 €.

Diese geringe Investition führt zur Einsparung von Laufwegen und zu einer damit verbundenen Erhöhung der Produktivität. Sollte es Werkzeuge geben, die ca. 300 € kosten und mehrfach an der Maschine oder in dem Bereich verwendet werden, wird ein Kompromiss gewählt.

Bei solchen Entscheidungen gilt es, immer den gesunden Menschenverstand einzusetzen und Aufwand und Nutzen zu betrachten. Bei den meisten Workshops ist es so, dass einige Werkzeuge an Anlagen und Maschinen nachbeschafft werden müssen. Es geht jetzt eher um das Bewusstsein, dass die Dinge dort angeordnet sind, wo man diese auch benötigt. Oftmals sind es banale Dinge wie z. B. eine Schere im Wert von 3 €, die enorme Prozesszeiten verursachen. Ein tieferes Ziel ist es, durch die strukturierte Umgebung eine verbesserte Struktur im Kopf zu schaffen. Wenn alle Abläufe und Prozesse klar geregelt sind und nichts dem Zufall überlassen wird, fallen Abweichungen unmittelbar auf, die bisher nicht auffallen oder niemanden kümmern.

Warum macht es Sinn, mit der Maschine oder dem direkten Arbeitsbereich zu beginnen? Nehmen wir das Beispiel Werkzeug. Vor dem Hintergrund der Laufwegevermeidung werden einige Werkzeuge nun direkt dem Ort der Nutzung zugeordnet. Wenn innerhalb des Workshops erst die Werkzeugwagen oder Werkzeugschubladen einsortiert werden, besteht im Nachgang eventuell das Problem, dass einige Werkzeuge von dort wieder zurück an die Maschine oder den Ort ihres Einsatzes sollen und dann hätten Sie – respektive die Umsetzer – sich die Mühe vergebens gemacht.

Je nachdem wie viele Mitarbeiter an dem Workshop teilnehmen, beginnen die anderen Kollegen parallel an
* Materialschränken/Regalen,
* Werkbänken,
* Werkzeugwagen,
* Arbeitstischen,
* Flächen und
* „Niemandsländern" (sonstige Bereiche).

Prinzipiell wird im Zuge der Einführung von 5S die neue Struktur vom Eingang bis zum Ausgang eines Unternehmens umgesetzt – mit anderen Worten an allen Stellen. Die größte Hürde bei der Umsetzung ist es, loszulegen. Die Experten vor Ort sollten (unter Berücksichtigung des Rates vom Vorgesetzten) nach der Maschine mit den Bereichen beginnen, die am meisten Suchaufwand und damit verbundenen Ärger verursachen, oder einfacher gesagt: Der Bereich, der es am nötigsten hat, sollte zuerst bearbeitet werden. Bereiche können unter anderem die folgenden sein: Materialschränke, Teilelager, Bereitstellflächen, Montageplätze, Werkzeugwagen, Regale, Werkbänke etc.

Benötigt wirklich jedes Teil eine feste Adresse?

Ja, von der Büroklammer bis zum Stapler! Nur so lässt sich die Methodik sehr einfach in der Praxis umsetzen. Es geht darum, allen Teilen eine relevante Zuordnung zu geben. Abweichend von diesem Ziel gibt es einige Anwendungsfälle, bei denen der Aufwand der Sortierung und strukturierten Anordnung den Nutzen übersteigt. In diesen Fällen darf gern von der 100%igen Transparenz abgewichen werden (vgl. Abb. 77 und 78).

Abb. 77: Anordnung von Stangen diverser Größen in einer Werkstatt, die nicht als Standardmaterial verwendet werden

Abb. 78: Visualisierung selten benötigter Teile mittels einfacher Fotovisualisierung von außen – In diesem Fall an Kisten

11.3 Anordnung von Dingen

Die benötigten Dinge sollten nach Möglichkeit immer genau dort angeordnet werden, wo diese auch gebraucht werden. Es gilt dabei, unterschiedliche Aspekte zu berücksichtigen:

- Besteht eventuell Gefahr, wenn ein Gabelschlüssel mittels Magnet an der Maschine befestigt wird?
- Sind Möglichkeiten zur Befestigung und ausreichend Platz vorhanden?
- Kann die Fläche überhaupt dauerhaft zur Lagerung genutzt werden (z. B. bei Schutzklappen, die mehrmals wöchentlich geöffnet werden müssen)?

Diese und weitere Fragen ergeben sich aus der Betrachtung vor Ort, was, wo und wie viel benötigt wird.

Jeder Gegenstand bekommt eine feste Adresse und einen markierten Platz mit einer eindeutigen Kennzeichnung. Die Kunst bei 5S ist es, zu erkennen, was fehlt, bevor es benötigt wird. Aus diesem Grunde ist es unabdingbar, tatsächlich 100 % aller Dinge zu kennzeichnen. So versetzt sich die Organisation nun selbst in die

Lage, Abweichungen zu erkennen und darauf zu reagieren. Für die Durchführung der eindeutigen Kennzeichnung gibt es mittlerweile kostengünstige Schreibgeräte für ca. 25 €.

Für die Umsetzung der festen Parkplätze für Materialien haben sich in der Praxis folgende Materialien bewährt:

Material
- ml+ Schaumstoffeinlage mit zweifarbiger Komponente
- Topfmagnete (beidseitig magnetisch) in zwei verschiedenen Größen
- Magnethaken
- Magnetclips
- Klebebänder in gelb und rot
- doppelseitiges Klebeband
- Cuttermesser 9 mm

Abb. 79: Materialien für die 5S-Umsetzung

11.4 Kennzeichnungen und Beschriftungen

Ein besonderes Augenmerk möchte ich den Kennzeichnungen und Beschriftungen geben. Der Aufkleber soll weniger den Nutzen erfüllen, ein Teil zu identifizieren –
jeder erkennt einen Hammer, eine 24er Ratsche, einen 8er Inbus, Handschuhe etc. Es geht aber darum, sich nicht mehr merken zu müssen, was wohin muss und darüber hinaus Abweichungen sofort zu erkennen und dadurch beheben zu können. Ob etwas richtig gekennzeichnet ist, lässt sich mit einer einfachen Prüfung feststellen. Wenn die Kennzeichnung einfach und zielgerichtet ist, kann jeder Mitarbeiter an nahezu jeder Stelle entscheiden, ob alles an Ort und Stelle ist oder nicht.

Abb. 80: Direkte Erkennbarkeit der fehlenden „Flachzange"

Die Umsetzung des zweiten 5S-Schrittes ist für einige Mitarbeiter nicht an allen Stellen nachzuvollziehen. Auch vor der Einführung von 5S hat es bestimmte Teile und Dinge gegeben, die von den Mitarbeitern nicht gesucht wurden, d. h., es hat dort auch ohne 5S-Methodik funktioniert. Warum sollen die Mitarbeiter die Dinge kennzeichnen, bei denen es noch kein Problem gab? Im ersten Moment erscheint der Einwand der Mitarbeiter nachvollziehbar, da niemand sich gern unnötig Arbeit macht. Wenn man dieses Argument jedoch weiter verfolgt, würde das bedeuten, dass sich dann wieder jeder Mitarbeiter und alle Führungskräfte merken müssen, welche Stellen relevant sind und welche Stellen nicht. Das 5S-Prinzip flächendeckend in der Produktion einzuhalten, ist mit deutlich weniger Diskussionen behaftet, wenn das Ziel eine 100%ige Transparenz ist.

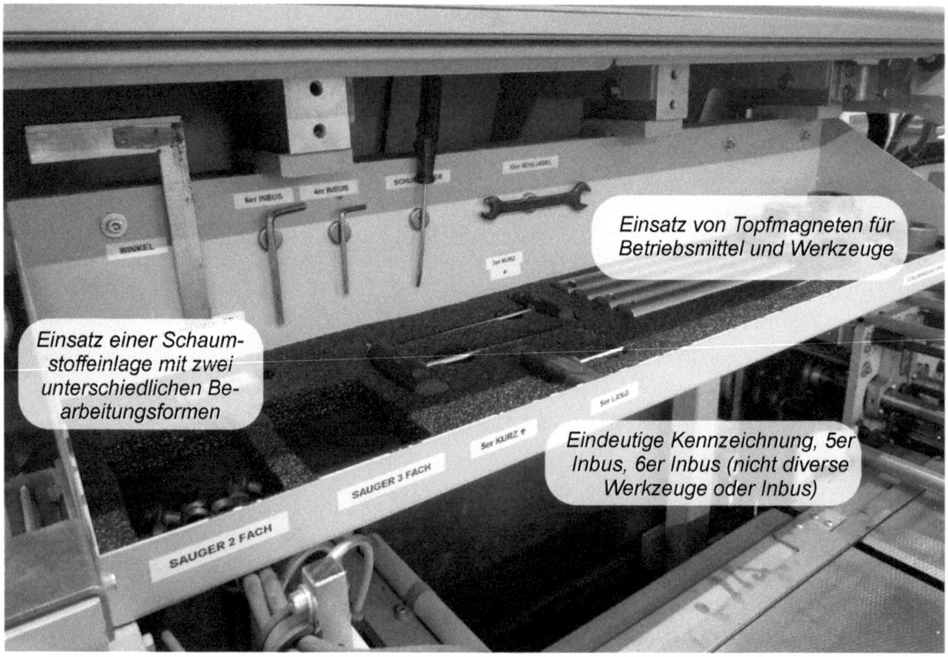

Abb. 81: Nutzen Sie die vorhandenen Räume und Flächen an den Maschinen

Wenn Sie das dann zu 98 % erreichen, ist es wunderbar! Darüber hinaus dauert die Diskussion über den Aufkleber länger als die Erstellung des Aufklebers.

Sollte der Platz vorhanden sein, würde es Sinn machen, alle benötigten Ersatzteile ebenfalls unmittelbar am Ort ihres Einsatzes anzubringen. Dies wird Ihnen aus unterschiedlichen Gründen nicht gelingen (z. B. zu wenig Platz, Hygienebestimmungen, Lichtempfindlichkeit von Verbrauchsmaterialien etc.). Prinzipiell gilt es, bei der Umsetzung von 5S jeden unnötigen Laufweg zu sparen. Faulheit ist an dieser Stelle eine wichtige Tugend – werden Sie in diesem Sinne faul!

Bei den Kennzeichnungen ist darauf zu achten, dass diese absolut eindeutig sind. Nur so ist es möglich, die neue Struktur dauerhaft beizubehalten. Wenn Sie nun aus dem Schaumstoff eine 10 x 10 cm große Kiste bauen und dort fünf unterschiedliche Saugertypen hineinlegen, die Sie alle als Sauger beschriften, wird das 5S-Ziel nicht erfüllt. 5S zeichnet sich durch Einfachheit und Transparenz aus. Je eindeutiger und spezifischer die Kennzeichnungen sind, desto einfacher ist die dauerhafte Aufrechterhaltung des Zustandes.

Bei fünf unterschiedlichen Saugern, Spannstiften, Bohrern etc. sollte es dann fünf Fächer mit jeweils einer spezifischen Bezeichnung geben. Wenn fünf Mal aufgeführt wird, dass es sich um Sauger handelt, kann niemand sagen, welcher spezifische Sauger fehlt – es sei denn, alle fehlen.

Es kostet Zeit und Kraft, um diese Einfachheit und Transparenz herzustellen. Der Mensch neigt dazu, sich das Leben einfach zu machen, weshalb die Mitarbeiter bei der Umsetzung an einigen Stellen zu Sammelkisten neigen. Dies passiert meist dann, wenn es sich um viele Kleinteile handelt, die vielleicht auch noch selten zum Einsatz kommen. Nehmen Sie sich auch für diese Dinge Zeit! Je höher der Umsetzungsgrad in Form von ein wenig Detailverliebtheit ist, desto länger wird der geschaffene Zustand beibehalten. Daher gilt es auch, darauf zu achten, dass Linien und Label sauber geklebt werden. Sobald es aussieht wie „hingeklatscht", machen die Mitarbeiter es, weil Sie es machen müssen. In dem Moment macht es wenig Sinn, weiterzumachen. Sollte dieses Gefühl aufkommen, machen Sie eine Pause und erarbeiten Sie den Sinn der 5S-Methode neu.

11.5 Umsetzungstipps für einzelne Bereiche

Eine der ersten Überlegungen sollte in die Richtung gehen, inwieweit es Sinn macht, leere Werkbänke, Materialschränke oder Regale umzuräumen, um Laufwege zu verkürzen oder die Platzsituation zu verbessern. Eine so freie Situation mit allen Möglichkeiten findet sich so schnell nicht wieder. Nutzen Sie die Chance!

11.5.1 Maschinen

In Produktionsbereichen empfielt es sich, zunächst alle relevanten und häufiger benötigten Teile wie z. B. Werkzeuge, Verbrauchsmaterialien und Betriebsmittel nach Möglichkeit unmittelbar an der Maschine zu platzieren. Beginnen Sie an einem Punkt der Maschine und überlegen Sie, welche Teile an welchen Stellen benötigt werden. Bei größeren Anlagen macht es teilweise Sinn, häufig benötigte Werkzeuge mehrfach an der Maschine zu platzieren, um Laufwege einzusparen.

Abb. 82: Aufbewahrung von Werkzeugen und Betriebsmitteln unmittelbar an der Maschine bzw. dort, wo sie benötigt werden

Beispiel

Die abgebildeten Teile (vgl. Abb. 83) lagen auch schon vor 5S an der gleichen Stelle, jedoch ungeordnet als Haufen übereinander. Das hatte zur Folge, dass die Kollegen die unterschiedlichen Teile bei jedem Zugriff entwirren mussten.

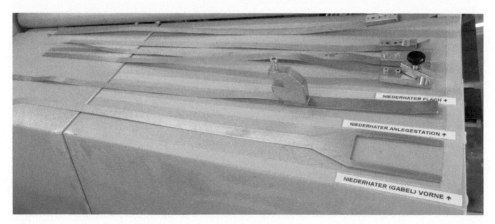

Abb. 83: Zuordnung einer festen Adresse zu jedem Ersatzteil

Das Beispiel beschreibt die Einfachheit der Umsetzung und den Effekt sehr gut! Nun hat jedes Ersatzteil eine eigene Adresse. Das Teil, welches drei Mal vorhanden ist, darf dabei gern auf einem Platz liegen, da jeweils das oberste genommen werden kann.

Beispiel
Alle Werkzeuge und Ersatzteile für das Maschinenaggregat wurden in zwei Kunststoffkisten gelagert. Die Umsetzung der 5S-Methode war im ersten Moment für die zwei Mitarbeiter vor Ort aufgrund vermeintlich fehlender Aufbewahrungsmöglichkeiten wie z. B. in einem Materialschrank, Rollcontainer oder einer Werkbank nicht durchzuführen. Die größte Schwierigkeit der Kollegen lag darin, sich einen möglichen Platz vorzustellen und dabei auf Bereiche an der Maschine zurückzugreifen, die als „Lagerfläche" genutzt werden können. Nach ca. drei Stunden Umsetzungszeit wurde voller Stolz das Ergebnis präsentiert (vgl. Abb. 84). Sämtliche Werkzeuge, Betriebsmittel und Ersatzteile für das Maschinenaggregat sind nun unmittelbar am Ort ihres Einsatzes. Die Kunststoffkisten stehen nun nicht mehr im Weg herum.

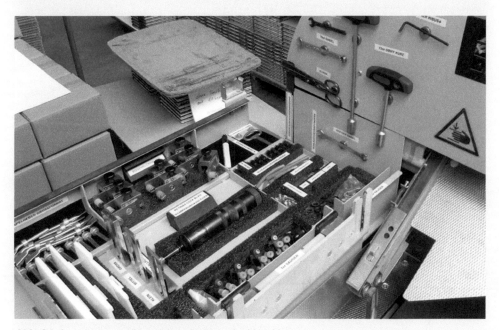

Abb. 84: Anordnung von Materialien direkt an der Maschine

Magnete – insbesondere Neodyn-Magnete – eignen sich, um z. B. Werkzeuge direkt am Ort ihres Einsatzes zu platzieren. Achten Sie beim Einsatz der Topfmagneten darauf, die richtige Stärke einzusetzen. Das befestigte Material darf nicht abfallen und gleichermaßen nicht zu stark angebracht sein.

Sollte der Topfmagnet entfernt oder verschoben werden, nutzen Sie einen 2er oder 3er Inbus und hebeln den Topfmagnet damit einfach aus. Ein Ziehen über die Fläche könnte zu Lackschäden führen und ist daher nicht zu empfehlen.

11.5.2 Werkbänke – Arbeitsplätze

Gestalten Sie Ihre Werkbänke und Arbeitsplätze nun ebenfalls nach der 5S-Methode. Neben Werkzeugen, Betriebsmitteln und Ersatzteilen finden sich hier oft Verbrauchsmaterialien, Aufträge, Prüfpläne, Anweisungen etc. Als Arbeitsmaterial bietet sich an diesen Stellen die Schaumstoffeinlage oder das gelbe Klebeband an.

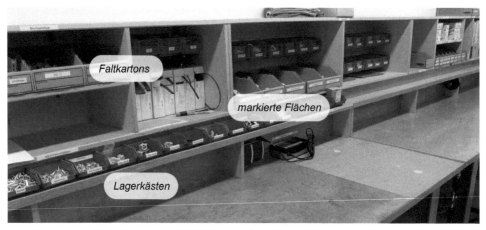

Abb. 85: Werkbank mit Lagerkästen, Faltkartons und markierten Flächen

Neben festen Ablageplätzen für alle Dinge, die man anfassen kann, geht es bei der Arbeitsplatzgestaltung auch darum, sogenannte Informations- und Übergabeflächen zu schaffen. Wo findet sich das Auftragsbuch, der aktuelle Auftrag, eine eventuelle Liste mit Auftragsbesonderheiten? Wo sind Eingangsflächen, Ausgangs- und Übergabeflächen auf den Tischen?

Abb. 86: Arbeitsplatz mit Vorgabefeldern für diverse Prozessinformationen

Abb. 87: Arbeitsplatz eines Maschinenführers –
Alles Benötigte befindet sich in direktem Zugriff

Abb. 88: Freie Arbeitsfläche durch Shadowboard

Abb. 89: Montage-Werkbank bei einem Hersteller für Messgeräte

11.5.3 Schubladen

In fast jedem Produktionsbereich lassen sich eine Vielzahl von Schubladen an Werkbänken und Rollcontainern finden. Durch die fehlenden Strukturen innerhalb dieser Schubladen kommt es häufig zu Suchzeiten und darüber hinaus fehlenden Materialien, die erst bemerkt werden, wenn sie benötigt werden.

Schubladen haben die Besonderheit, dass die darin befindlichen Teile beim Öffnen und Schließen verrutschen können. Achten Sie bei der Neustrukturierung darauf, dass die Teile nicht durcheinander geraten können. Für den Einsatz in Schubladen bieten sich Lagerkästen, Faltkartons und Schaumstoffeinlagen an.

Abb. 90: Schubladen mit Lagerkästen – Verbrauchsmaterialien mit Sicherheitsbeständen hinter den Raumteilern

Abb. 91: Strukturierung einer Werkzeugschublade mit festen Plätzen durch Schaumstoffeinlage

Abb. 92: Nutzen der Schaumstoffeinlagen als Trennstege – bauen Sie sich Ihre eigenen Kisten!

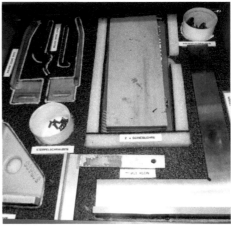

Abb. 93: Fixierter Schaumstoff verhindert ein Verrutschen der Teile in der Schublade beim Öffnen

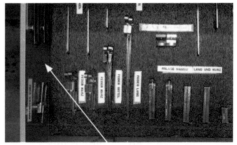

Abb. 94: *Zuordnung zum spezifischen Bereich durch Markierung mit Nagellack*

Abb. 95: *Schublade voll? Kein Platz mehr? Nutzung der Innenseiten der Schublade mit Magneten*

Praxistipp: Bei tiefen Gegenständen nutzen Sie eine Schaumstoffmatte (2 cm Höhe) als Träger. In Abb. 97 wurden zwei weitere Schaumstoffmatten zusammengeklebt (4 cm Höhe) und komplett durchgestanzt.

Achten Sie immer auf die spezifische Bezeichnung. Insbesondere diese Aufgabe ist nicht immer einfach, da es Teile gibt, die schwierig zu beschreiben sind. Wichtig ist, dass sich der Name zuordnen lässt, wenn das Teil fehlt. 5S hat viel mit Grundlagenarbeit zu tun. Nun werden Dinge geklärt, die schon immer geklärt werden sollten.

Bei Schubladen ab ca. 6 cm Höhe bietet sich eine einfache Inhaltskennzeichnung außen am Schrank an, um einen direkten und schnellen Zugriff zu gewährleisten:
1. Foto erstellen
2. In Word einfügen
3. Ausdrucken
4. Laminieren
5. Befestigen (doppelseitiges Klebeband)

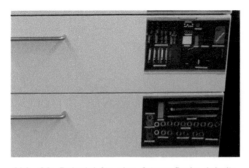

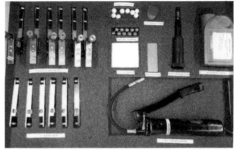

Abb. 96: *Beispiel für eine fotografische Inhaltskennzeichnung an einem Rollcontainer*

Abb. 97: *Ansicht der geöffneten Schublade zu der Inhaltskennzeichnung. Im Beispiel zu sehen: Eine mit 2 x Schaumstoff ausgeschnittene Fettpresse*

11.5.4 Werkzeugwagen

Es ist je nach Füllgrad eines Werkzeugwagens eine größere Herausforderung, ihn in eine 5S-Struktur zu übertragen. Mitunter bedarf es kreativer Höchstleistungen.

Beispiel

In einem meiner Trainings hat ein Montagemitarbeiter vor Ort berichtet, dass die Aufgabenstellung an seinem Wagen nicht umzusetzen sei. Wörtlich sprach er davon, dass er mit der 5S-Methode zwei oder drei Wagen bräuchte. Ihm war sofort klar, dass es zunächst mehr Raum benötigen würde, alle Teile zu ordnen, als wenn diese einfach in den Schubladen gestapelt würden. Der Montagemitarbeiter vertrat demnach die Einstellung „Geht nicht!". Hinter dem Sprichwort „Geht nicht, gibt's nicht!", steckt viel Wahrheit. Es gibt viele Aufgaben im Leben, die durch die Lösung vieler kleiner Schritte gemeistert werden. Kennen Sie jemanden, der sich einen Ausbildungsberuf ausgewählt hat und sich dann direkt zur Abschlussprüfung angemeldet hat? Sinnbildlich wäre das ein passender – wenn auch etwas weit hergeholter – Vergleich.

Zur Verteidigung des Mitarbeiters möchte ich erwähnen, dass die Umsetzung in seinem Fall wirklich nicht ganz einfach war und hier ein besonderes Maß an Kreativität gefragt war (die Anzahl der Teile hätten für zwei Wagen locker ausgereicht).

Da ein wichtiger Aspekt die Teamarbeit im Workshop ist, habe ich den Mitarbeiter und einen weiteren Kollegen gebeten, sich für 20 Minuten zurückzuziehen, um sich Gedanken über eine Lösung zu machen. Denk- und Handlungsbarrieren lassen sich im Team deutlich einfacher abbauen. Sollte den Kollegen nichts einfallen, habe ich angeboten, das Team nach 20 Minuten um zwei weitere Kollegen zu verstärken und es weitere 20 Minuten Zeit gibt.

Sollten sie eine Lösung finden, können sie direkt mit der Umsetzung beginnen. Dass die Kollegen sich nach 20 Minuten nicht gemel-

Abb. 98: Werkzeugwagen mit neu konstruiertem Anbau

det haben, war ein gutes Zeichen. Nach ca. 60 Minuten habe ich die Kollegen an ihrem Platz aufgesucht, um nach dem aktuellen Stand zu fragen. Mit leuchtenden Augen berichteten sie von ihren Kreativansätzen und dass sie in ca. zwei Stunden mit dem Gröbsten fertig seien. Mit allen Arbeiten (inklusive 100%iger Kennzeichnung) hat das Team im Ergebnis sechs Stunden benötigt und mir dann den bis heute „besten" Werkzeugwagen präsentiert, den ich in der Form gesehen habe (insbesondere vor dem Hintergrund der Schwierigkeiten zu Beginn).

Abb. 99: *Ergonomischer und einfacher Zugriff zu benötigten Kleinteilen, wie z. B. Schrauben*

Abb. 100: *Schräge Anordnung von Werkzeugen für eine einfache Übersicht und einen verbesserten Zugriff*

Nach der Umsetzung kam dem Inhaber des Werkzeugwagens ein weiterer Zweifel auf. Er schilderte mir, dass der Werkzeugwagen nach Feierabend frei zugänglich in der Montagehalle stehen würde. Worauf ich „Na und?" erwiderte (gleichwohl mir schon klar war, worauf er hinauswollte). „Ja, bei uns sind z. B. Leiharbeiter beschäftigt, fremde Dienstleister etc. Da kommt alles weg, Du glaubst gar nicht, was hier schon geklaut wurde!"

Einem solchen Argument können Sie in der Sache jetzt nicht viel entgegensetzen. Es geht nun um die Stunde 0 und sollte ein Werkzeug wirklich wegkommen, wird es nachbeschafft und entsprechende Maßnahmen eingeführt, die Ursachen zu klären. Sollte es wirklich so sein, dass es Menschen gibt, die Dinge aus den Unternehmen stehlen, kann Wegschließen nicht die Lösung sein, da es den Prozess stört. Es gilt dann eher, den Dieb zu finden. Insbesondere bei der Umstellung der 5S-Methode wird es zu Beginn immer wieder zu Abweichungen kommen, da die Mitarbeiter aus den Bereichen, die noch kein 5S gemacht haben, sich nun gern in den nach der 5S-Methode strukturierten Bereichen bedienen.

Sobald die 5S-Methode an allen Stellen des Unternehmens angewandt wurde, wird kein Mitarbeiter die Notwendigkeit mehr haben, sich ein Standardwerkzeug aus einem anderen Bereich zu holen.

Es kam in der Praxis dann noch besser: Fünf Tage nach dem Workshop wurde der Montagemitarbeiter in die Konstruktion versetzt. Auf diesen Job hatte er sich intern beworben und wusste zum Zeitpunkt des Workshops noch nichts von dem Entscheid zu seinen Gunsten. Als ich nach sechs Wochen erneut in das Unternehmen kam, musste ich mir natürlich zuerst den aktuellen Status des Werkzeugwagens ansehen. Auf dem Weg zu dem Werkzeugwagen hat mir der dortige Geschäftsführer berichtet, dass der Wagen nun schon mehrere Wochen herrenlos sei. Der Nachfolger des Monteurs war zu dem Zeitpunkt noch nicht eingestellt und ich solle mich überraschen lassen. Was denken Sie, wie viele Dinge an dem Wagen gefehlt haben? Da ich ihn selbst gesehen habe, kann ich die Antwort darauf geben. Nichts! Das Unternehmen hat unter anderem ein Schwarzes Brett ins Leben gerufen, auf dem tolle Umsetzungsbeispiele der Mitarbeiter dargestellt wurden, mit dem Ziel, diese in die Breite zu transportieren. An diesem schwarzen Brett hing unter anderem auch der Werkzeugwagen und vielleicht lag es einfach an der perfekten Struktur, dass sich niemand an den Wagen herangetraut hat.

Häufig genutzte Werkzeuge können auch auf den Außenseiten des Werkzeugwagens angebracht werden, z. B. durch Halterungen oder Magnete. Der Vorteil liegt darin, dass das Öffnen und Schließen der Schubladen entfällt und somit Zeit gespart wird.

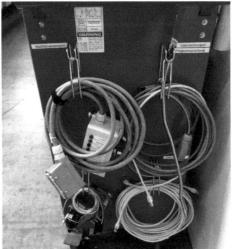

Abb. 101: Nutzen der Außenwände von Werkzeugwagen mithilfe von Halterungen

Weitere Beispiele diverser Werkzeugwagen

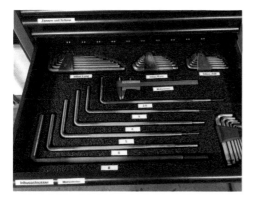

Abb. 102: Bei vielen Werkzeugen gleicher Art ist die schlichte Angabe der Größe ausreichend (7er statt 7er Inbus)

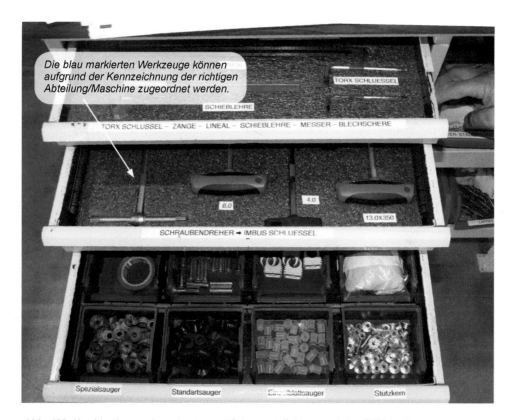

Abb. 103: Kombination aus Lagerkästen und Schaumstoffeinlagen – jedes Teil hat einen eigenen Platz

11.5.5 Materialschränke

In vielen Unternehmen sind Materialschränke und Regale die Schrecken der Mitarbeiter! Insbesondere Materialschränke mit zum Teil hunderten Ersatzteilen, die völlig ungeordnet ihr Dasein fristen, bringen die Mitarbeiter vor Ort zur Verzweiflung und den Prozess oftmals zum Stocken.

Zum Sortieren der Materialschränke bietet sich der Einsatz folgender Materialien an:
- **Klebebänder** (10 bis 20 mm breit) zur Flächenkennzeichnung, aber auch zur Kennzeichnung von Sicherheitsbeständen und Toleranzen,
- **Schaumstoffeinlagen**,
- **Magnetclips** für die Befestigung leichter Teile (z. B. kleine Ersatzteile in Plastiktüten) im Türinnenraum oder der Innenseite der Schrankwand,
- **Magnethaken** (analoge Einsatzmöglichkeit),
- **Topfmagnete** und
- **Laminierfolie** für den Fotoausdruck zur Visualisierung des Schrankes von außen.

An einem Materialschrank sollten aus Platzgründen maximal zwei bis drei Mitarbeiter arbeiten.

In Ergänzung zu den bisherigen Umsetzungstipps können die folgenden Prüfpunkte bei der Umsetzung von 5S in einem Materialschrank genutzt werden:
- Ist die Lagerung in diesem Schrank überhaupt sinnvoll (wo wird das Teil benötigt)?
- Ist der Bestand angemessen dimensioniert?
- Sind Dinge, die oft benötigt werden, auf Augenhöhe gelagert?
- Gibt es leichte Teile, die in Ausnahmefällen auf den Schrank gestellt werden können?

Spätestens bei den Materialschränken werden Sie bei der Umsetzung an einige Grenzen stoßen und ich möchte Ihnen erklären, woher diese kommen. Viele Ersatzteile werden nicht permanent gebraucht. Die Mitarbeiter wissen zwar, dass dieses Teil eventuell mal benötigt werden könnte, gehen aber nicht davon aus, dass es bald der Fall sein wird, und scheuen daher gern den zusätzlichen Ordnungsaufwand. Die Unternehmen neigen entweder dazu, die Dinge mit der Brechstange durchsetzen zu wollen oder aber dem Mitarbeiter das Feld so weit zu überlassen, dass dieser nur die Dinge ordnet, die er gern ordnen möchte.

Beide Vorgehensweisen sind in der Praxis unglücklich. In den Fällen, in denen die Mitarbeiter berechtige Gründe vorbringen, warum eine 100%ige Sortierung bzw. Struktur den Aufwand nicht rechtfertigt, ist eine Zwischenlösung zu finden (vgl. Kap. 3.6).

Bei der Umsetzung von 5S gilt: Je mehr Liebe ins Detail gesteckt wird, desto größer ist die anschließende Akzeptanz! Dies sollte allerdings erfolgen, ohne sich dabei im Aufwand zu verlieren. Und Dinge, die wir selbst geschaffen haben, genießen eine deutlich höhere Wertschätzung als Dinge, die andere gemacht und bestimmt haben.

Beispiel 1

Hier sehen Sie eine einfache Möglichkeit der Strukturschaffung mittels Klebebändern in einem Materialschrank. Die Klebebänder haben den Vorteil, dass diese weniger aufwendig als die Nutzung der Schaumstoffeinlagen sind. Der Nachteil liegt jedoch darin, dass die Teile verrutschen können bzw. nicht sauber abgelegt werden. Bei Teilen, die sehr häufig benutzt werden, ist der Schaumstoff oftmals geeigneter. Die Schaumstoffeinlagen „zwingen" dazu, feste Strukturen einzuhalten.

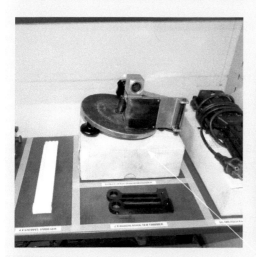

Gummiband = Sicherheitsbestand

Abb. 104: *Auf die kleinen Dinge kommt es an. Diese Geräte wurden einmal täglich genutzt und jedes Mal wieder in die Verpackung gelegt. Zeitersparnis je Vorgang ca. 30 Sekunden x 220 AT = 110 Minuten Zeitersparnis pro Jahr allein bei dieser Kleinigkeit.*

Beispiel 2

Während eines Workshops haben die Teilnehmer einen Schrank für formgebende Werkzeuge neu gestaltet. Die Werkzeuge können an sieben unterschiedlichen Maschinen verteilt auf 3.000 qm Fläche universell eingesetzt werden. In der Praxis hat dies zu einem häufigen Suchen der Werkzeuge geführt, da es keine Übersicht gab, an welcher Maschine sich das Werkzeug aktuell befindet. Dadurch wurden unnötige Suchzeiten verursacht.

Kurz nachdem die Mitarbeiter den Schrank nach der Methode 5S gestaltet und sich in diesem Zuge eine pfiffige Lösung für die Übersicht ausgedacht hatten, kam es zum ersten Anwendungsfall. Ein Schichtleiter, der an dem Workshop nicht teilnehmen konnte, ging an den Schrank, um sich wie gewohnt an den Werkzeugen zu bedienen. Als die verantwortlichen Paten (vgl. Kap. 12.3) aus dem Workshop das sahen, gingen diese zu ihrem Schichtleiter:

„Jürgen, bitte entschuldige, aber wir müssen dir etwas zum Schrank erklären. Wenn ab sofort jemand ein Werkzeug entnimmt, muss derjenige kennzeichnen, für welche Maschine das Werkzeug ist. Dafür haben wir entsprechende Karten erstellt." Etwas verdutzt hat der Schichtleiter sich entschuldigt und die Karte nach der Einweisung an der richtigen Stelle positioniert.

Abb. 105: *Beispiel eines Werkzeugschranks: Kennzeichnung von universell einsetzbarem Werkzeug und der Beschilderung, an welcher Maschine sich das fehlende Werkzeug aktuell befindet*

Abb. 106: *Lagerung von Zubehörteilen*

Abb. 107: *Trennung diverser Kleinmaschinen durch Blechkanten*

Abb. 108: *Nutzung der Innenseiten von Schranktüren – z. B. mit Einsatz von doppelseitigem Klebeband*

Abb. 109: *Materialschrank mit diversen Ordnungselementen (Profile, Magnete, Kisten, Schaumstoffe)*

Abb. 110: *Eindeutige Adressen mithilfe von gelben Markierungsbändern. Markierung der Streifen bis zur Unterkante eines Bodens oder Brettes zur klaren Abgrenzung (Sicht von vorn). Eine zusätzliche Kennzeichnung am Regalboden ist bei Entnahme des Faltkartons sinnvoll.*

Abb. 111: Kreative Höchstleistung: Selbstgebaute Schublade im Materialschrank mittels Blech, Schaum-stoff, Gleitprofil und Stoppsystem

Abb. 112: Aufhängung von 40 verschiedenen Ersatzteilen in der Tür eines Materialschrankes – gekenn-zeichnet mit Bezeichnung und Artikelnummer

Inhaltsangaben von Materialschränken

Ist es Ihnen auch schon mal passiert, dass Sie einen Schrank geöffnet haben und das Gesuchte war im Schrank nebenan? Einen Schrank zu öffnen, in dem nicht das enthalten ist, was wir darin vermuten, ist vergeudete Lebenszeit. Aus Gründen der Übersichtlichkeit bieten sich einfache Kennzeichnungen an Materialschränken an.

Beispiel

Vorgehensweise Inhaltskennzeichnung Materialschrank – nach erfolgter Strukturierung:

1. Foto erstellen
2. Word-Dokument mit folgenden Inhalten:
   - Überschrift – z. B. Ersatzteile Maschine XY
   - Firmenlogo in der Kopfzeile einfügen
   - Foto groß einfügen: „So soll der Schrank aussehen!"
   - Patenschaften verabreden, eintragen und unterschreiben lassen
   - Laminieren und mit doppelseitigem Klebeband anbringen
   - Ggf. Spielregeln einführen

Abb. 113: Inhaltskennzeichnung eines Material-schranks mit zu beachtenden Spielregeln

Abb. 114: Inhaltsangabe der einzelnen Schrank-teile

11.5.6 Regale

Es ist verblüffend zu sehen, welch großen Effekt ein strukturiertes Regal hat. Zur Umsetzung bedarf es nicht mehr als Klebebändern in den Farben gelb und rot sowie ein Beschriftungsgerät.

Abb. 115: Eindeutige Kennzeichnung – Rot: Sicherheitsbestand

Abb. 116: Eindeutige Kennzeichnung und klare optische Trennung mittels gelber Markierungsbänder

Umsetzungen, bei denen die Mitarbeiter es sich einfach machen, indem die Dinge z. B. nur sehr oberflächlich strukturiert werden (alle Werkzeuge in eine Kiste mit der einzigen Kennzeichnung „Werkzeuge" oder „diverse Ersatzteile"), haben keinen langen Bestand und bringen kaum Nutzen. Gleiches gilt auch für das Anbringen der Aufkleber und Linien. Es geht nicht darum, in Schönheit unterzugehen oder übermäßig viel Kapazität in die genaue Ausarbeitung zu stecken – das wesentliche Ziel ist und bleibt die Funktion! Aber der Mensch geht mit Dingen anders um, die ordentlich gestaltet sind und bei denen er sich selbst Mühe gegeben hat, als wenn Markierungslinien und Aufkleber krumm und schief geklebt werden. Achten Sie dabei gleichermaßen darauf, dass es nicht übertrieben wird. Kreativ sein, ist bei der Umsetzung von 5S absolut gewollt und führt mitunter zu fantastischen und sehr einfachen Lösungen, die meist nicht viel kosten.

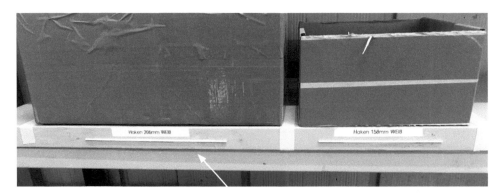

Abb. 117: Kommissionierregal – Aufklebung von Mustern an das Regal zur besseren Übersicht

Abb. 118: *Bebildertes Kommissionierregal zur Vereinfachung von Bestückung und Entnahme*

11.5.7 Weitere 5S-Beispiele aus der Praxis

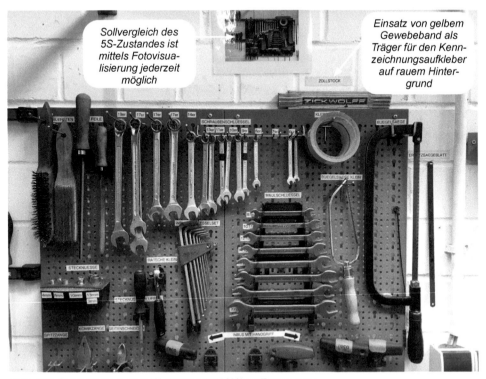

Abb. 119: *Shadowboard einer Werkstatt mit 100%iger Transparenz*

Abb. 120: *Einfache Aufhängung von Werkzeugen mit Nägeln und Haken in einer Werkstatt*

Abb. 121: Platzsparende und separierte Aufhängung diverser Schläuche und Kabel in einer Werkstatt

Magnetclip-Einsatz für Innenwandbefestigung

Abb. 122: Ausgangssituation: Die in dem Schrank zu sehenden Bleche haben fünf unterschiedliche Formate (links + rechts) und wurden vor 5S in einer Kiste gelagert. Da die Formate von 18,5–23,5 cm relativ ähnlich waren, haben die Mitarbeiter mehrfach zugreifen müssen, bis sie die zwei benötigten Bleche mit den richtigen Maßen in der Hand hatten (ein Mal täglich).
Lösung: Anordnung der Bleche sortiert nach Format – Kennzeichnung der Größe und Abtrennung der „Lagerfächer" mit Klebeband

Abb. 123: *Visualisierung mittels Produktmuster reduzieren die Gefahr der Vertauschung*

Abb. 124: *Reinigungs- und Wartungsstation an einer Maschine*

11.6 Hilfestellung für schwierige Fälle

Es gibt Teile, die sehr selten benötigt werden oder auch Teile, die sich sehr schwer spezifisch bezeichnen lassen. Aus der Praxis fällt mir ein Betrieb ein, der innerhalb des Produktionsprozesses diverse Gewichte zum Einsatz gebracht hat. In der Summe waren es 76 Gewichte, alle jeweils unterschiedlich. Es hätte aus Prozesssicht wenig Sinn gemacht, alle 76 Gewichte abzuwiegen und zu spezifizieren.

Hier gibt es zwei mögliche Lösungen:
1. **Lösung**: Es wird eine grundlegende Fläche mit der Kennzeichnung „Gewichte" eingeführt.

2. **Lösung**: Eine eventuell mögliche Clusterung macht es zum Teil einfacher und führt näher an die 5S-Methodik. Gewichte bis ca. 500 g, Gewichte bis 1.000 g etc. oder eckige Gewichte, runde Gewichte etc.

Abb. 125: „Grob"-Clusterung unterschiedlicher Gewichtsformen nach Größen

Darüber hinaus gibt es Fälle, bei denen eine Kennzeichnung nach der 5S-Methode schwierig ist. Insbesondere bei Workshops, die länger als sechs Stunden dauern, möchten die Mitarbeiter irgendwann fertig werden. Wenn dann in der siebten oder achten Stunde eine Schraubenkiste auftaucht, ist die Versuchung manchmal groß, diese einfach als „Schraubenkiste" oder „Diverse" zu kennzeichnen. Was genau kommt dann noch einmal da rein, wenn die Kiste leer wäre?

Nichtsdestotrotz macht jetzt ein Vorgehen mit der Brechstange auch keinen Sinn. Wie so oft würde ich den Rat des Mitarbeiters befolgen und diesem vertrauen.

Wenn die Kollegen vor Ort versichern, dass die Kiste nicht im täglichen Gebrauch ist und diese Stelle eine Ausnahme darstellt, passt der 5S-Weg nach wie vor. Insbesondere bei den ersten Workshops geht es ein Stück weit um die Einhaltung des Prinzips.

Abb. 126: Die Sortierung der „Bastelbleche" eines Werkstattbereiches würde den Aufwand für die Sortierung nicht rechtfertigen und wäre auch nicht sinnvoll

11.7 Wunschliste

Da einige Werkzeuge vielfach verwendet werden und diese ggf. nicht vorhanden sind, bietet sich der Einsatz einer Wunschliste an. Hängen Sie eine Liste aus, auf der die Mitarbeiter fehlende Dinge aufschreiben können. Sollte während des Workshops auffallen, dass drei 8er Inbussschlüssel benötigt werden, aber nur einer vorhanden ist, werden zwei auf die Wunschliste geschrieben und der vorhandene wird als Muster für den festen Platz und die eindeutige Adresse genutzt. Das hat den Vorteil, dass die fehlenden Dinge nach der Beschaffung nur noch hingehängt und hingelegt werden müssen. Die Wunschliste sollte nach dem Workshop mit dem jeweiligen Vorgesetzten abgestimmt und nach Möglichkeit zeitnah abgearbeitet werden, um das Vertrauen der Mitarbeiter nicht zu enttäuschen.

Arbeitsplatz/Maschine/Bereich	Turbo 911	
Was wird benötigt?	Anzahl	Name
3er Inbus	2	Herr Meier
14er Gabelschlüssel	1	Herr Müller
Gummihammer klein	1	Herr Ponte
Temperaturmessgeräte – infrarot	1	Herr Koc

Abb. 127: Beispiel für eine Wunschliste

11.8   Sicherheitsbestände und Kanban-Methode

Jeder kennt es: Sie benötigen ein Standard-Verbrauchsmaterial und derjenige, der das letzte Material entnommen hat, hat mal wieder vergessen, nachzubestellen. Damit das nicht wieder vorkommt, zeige ich Ihnen in diesem Kapitel wie einfach Sicherheitsbestände in der Praxis zu kennzeichnen sind und wie darüber hinaus „Nachschubprozesse" – respektive Bestellvorgänge – einfach gesteuert werden können. Das Ziel eines Sicherheitsbestandes ist es, dass das Material immer verfügbar ist. Der Sicherheitsbestand sollte leicht zu erkennen sein.

Die Berechnung eines Sicherheitsbestandes kann unterschiedliche Faktoren beinhalten. Damit das Thema greifbar ist, möchte ich Ihnen eine einfache und gängige Praxis vorstellen.

Einfache Berechnung des Sicherheitsbestandes:
1. Wiederbeschaffungszeit mit Lieferanten klären
2. Wie viel kann während dieser Dauer im Maximum verbraucht werden?

In dieser einfachen Formel fehlt noch der kaufmännische Aspekt (optimale Losgröße, Verteilungskosten etc.). Ein häufiger Grund für Fehlbestände und Doppelbestände ist die mangelnde Übersicht über die Teile.

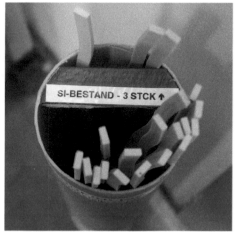

Abb. 128: Zu erfolgende Nachbestellung, wenn das letzte Klebeband vom Normalbestand genommen wird (gelb = Normalbestand; rot = Sicherheitsbestand)

Abb. 129: Sicherheitsbestand mit optischem Merkmal – Verklebung einer Schaumstoffeinlage mit doppelseitigem Klebeband zur Fixierung an zwei Seiten; Anbringen eines roten Klebestreifens und der Stückzahl für den Sicherheitsbestand

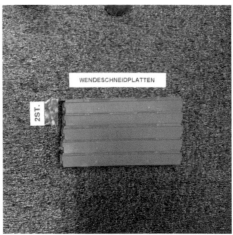

Abb. 130: *Sicherheitsbestände können auf viele Arten gekennzeichnet werden, je nach Umgebung und Struktur des Teils*

Abb. 131: *Kennzeichnung des Sicherheitsbestandes mit einfachem Klebeband*

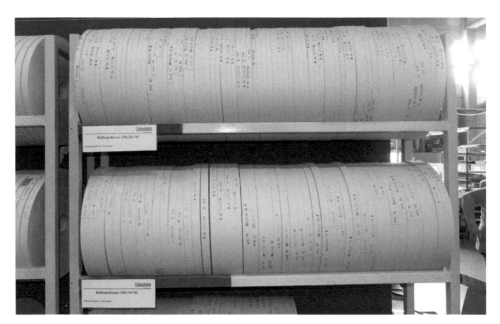

Abb. 132: *Zwei unterschiedliche Verbrauchsmaterialien – auf einen Blick erkennbar, dass das untere Material häufiger benötigt wird*

11.8.1   Die Kanban-Methode (Nachschubkarte)

Eine weitere Hürde eines reibungslosen Nachschubprozesses für Standardmaterialien sind die häufigen Bestellungen auf Zuruf, die zumeist an Vorgesetzte adressiert werden. Die Gefahr einer Bestellung auf Zuruf ist das Vergessen. Jeder Mensch ist in dem Moment, in dem er angesprochen wird, sehr wahrscheinlich mit seinen Gedanken woanders, insbesondere dann, wenn die Ansprache überraschend kommt z. B. beim Gang durch den Betrieb. Viele Adressaten der Botschaften nicken dann einfach und sagen, sie kümmern sich darum, was im nächsten Moment schon wieder vergessen wird.

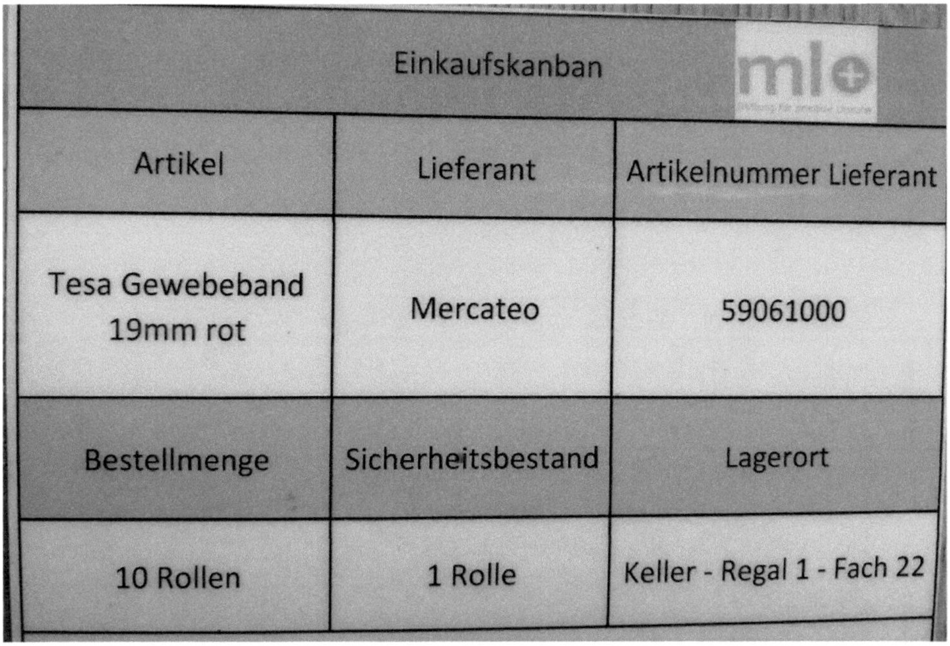

Einkaufskanban		
Artikel	Lieferant	Artikelnummer Lieferant
Tesa Gewebeband 19mm rot	Mercateo	59061000
Bestellmenge	Sicherheitsbestand	Lagerort
10 Rollen	1 Rolle	Keller - Regal 1 - Fach 22

Abb. 133: Vorlage eines Kanban mit allen für den Nachschubprozess relevanten Informationen

Gegen dieses Vergessen gibt es eine sehr einfache Methodik, die darüber hinaus weitere wichtige Informationen für den Bestell- oder Besorgungsvorgang mitbringt, die sonst lange gesucht werden müssten: Wo muss bestellt werden? Wie lautet die Artikelnummer? Wie viel soll bestellt werden? etc.

Kanban heißt diese Methode und hat ihren Ursprung ebenfalls in der japanischen Kaizen-Philosophie. Kanban bedient sich dabei eines ganz einfachen Prinzips des automatisch gesteuerten Nachschubes.

Kanban = Japanisch für Karte

Beispiel

Anhand des Münchener Oktoberfestes lässt sich die Kanban-Methode sehr gut erklären. Dort ist es gängige Praxis, wenn man der Kellnerin im Festzelt nach der ersten Runde Bier eine Aufmerksamkeit zukommen lässt, dass sie auf den Füllstand der Krüge achtet und bei drohender „Ebbe im Glas" ein neues Maß bringt. Es muss sich also niemand aktiv um ein neues Maß Bier kümmern, der Nachschub läuft mehr oder weniger automatisch. Im übertragenen Sinne macht ein Kanban nichts anderes. Er kümmert sich um den Nachschub ohne Rückfrageprozesse.

Ein Kanban ist eine Karte, die alle Informationen enthält, die bei der Bestellung (oder auch der Bereitstellung des internen Nachschubs) benötigt werden, ohne dass eine Rückfrage gestellt werden muss. Die Gestaltung des Kanban fällt in der Praxis sehr unterschiedlich aus, wie z. B. in der Größe, im Layout oder dem Informationsgehalt. Einige Unternehmen arbeiten aufgrund der unterschiedlichen Formate von Nachschubmaterialien mit bis zu drei unterschiedlichen Größen. Dabei ist alles erlaubt, was Ihnen einen Nutzen bringt. Zum Teil werden Kanban mit Bildern ausgestattet, andere wiederum ergänzen spezifische Hinweise.

Die Anordnung des Kanban ist an den Sicherheitsbestand gebunden. Der Kanban befindet sich vor dem Sicherheitsbestand und wird in der Regel aus einer eingeschweißten Folie hergestellt. Der Kanban kann liegend aber auch hängend angeordnet werden.

Abb. 134: Sobald der Behälter von der roten Fläche genommen wird, leitet der Entnehmende den Kanban an die dafür vorgesehene Stelle weiter

Viele Unternehmen haben keine Masterliste zu allen Einkaufsmaterialien. Die Einführung von Kanban ist der optimale Zeitpunkt, um eine Master-Einkaufsliste anzulegen. Mit diesem einfachen Kanban kann jeder die Bestellung ohne spezifisches Fachwissen durchführen.

11.8.2 Wie funktioniert Kanban?

Sobald ein Mitarbeiter den definierten Sicherheitsbestand erreicht, nimmt er den Kanban und leitet diesen an den zuständigen Besteller weiter. Dieser sollte in seinem Bereich das Feld oder Fach „Eingang Bestellkarten" oder „Kanban" haben.

Nach erfolgter Bestellung kann die Karte z. B. an die Logistik weitergeleitet werden. So sehen die Kollegen aus der Warenannahme auf einen Blick, was in Bestellung ist und wo es hingebracht werden muss (Angabe des Lagerortes auf dem Kanban), ohne lästige Rückfragen oder Informationsanrufe wie „Willi, die Kiste Schrauben ist da!"

Je nach internem Verteilungsprozess wird das angelieferte Material und der Kanban direkt an den jeweiligen Lagerort gebracht und eingeräumt. Dabei wird der Sicherheitsbestand aufgefüllt und der Kanban wieder positioniert. Alternativ dazu werden die Ware und der Kanban an einen Übergabepunkt in der jeweiligen Abteilung abgegeben, die dann das Einräumen am vorgesehenen Lagerort/Platz übernimmt. So schließt sich der Kreis. Fehl- und Doppelbestellungen gehören somit der Vergangenheit an.

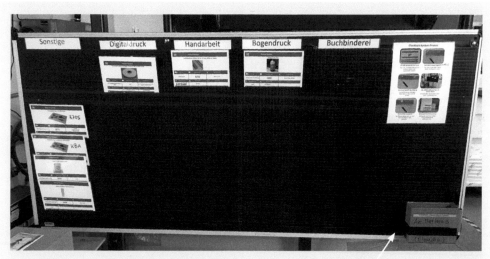

Abb. 135: Kanban-Board für offene Bestellungen

Beispiel

Sobald ein Sicherheitsbestand erreicht ist, entnimmt der Mitarbeiter in diesem Beispiel den dazugehörigen Kanban und legt ihn in das rosa Kästchen an der Kanban-Wand (vgl. Abb. 135). Nach erfolgter Bestellung durch den Einkäufer hängt dieser den Kanban wieder zurück an die Wand und ordnet ihn der entsprechenden Abteilung zu. Bei erfolgter Warenanlieferung prüfen die Mitarbeiter anhand der Kanban-Wand die offenen Bestellungen und ordnen diese zu. Anschließend bringen die Kollegen die Ware in die jeweilige Abteilung zu einer Übergabestelle.

Die Umsetzung der Kanban-Karten ist eine Fleißarbeit, die jedoch nur einmal gemacht werden muss. Sollte ein Kanban verloren gehen oder angepasst werden, z. B. weil sich der Bedarf erhöht und der Sicherheitsbestand nicht mehr zur aktuellen Situation passt, nutzen Sie die vorher gespeicherte Vorlage. Aus eigener Erfahrung empfehle ich die Anlage einer Excel-Vorlage mit vier bis fünf Kanban-Vorlagen auf einer Seite. Da die Karten deutlich kleiner als ein DIN-A4-Format sind, macht es Sinn, mehrere auf einem Blatt Papier auszudrucken und zu laminieren.

Damit der Durchführende bei der Aufgabe nicht die Lust verliert und darüber hinaus gründlicher arbeiten kann, benötigen Sie einen Rollen- oder Hebelschneider, um die laminierten Karten zu trennen. Bitte denken Sie unbedingt an die Anlage der Master-Einkaufsliste, sofern diese nicht vorhanden ist.

Der Einsatz von Kanban ist bei allen Standardmaterialien sinnvoll. Es empfiehlt sich, den Kanban unter dem letzten Teil des Normalbestandes zu positionieren – alternativ bei der Entnahme des ersten Teils aus dem Sicherheitsbestand. Das müssen Sie für sich einmal definieren. Bei einigen Verbrauchsmaterialien gibt es keinen „echten" Sicherheitsbestand bzw. dieser ist so gering, dass es ausreicht, wenn die Bestellung nach der Entnahme des letzten Teils erfolgt z. B. für einen Ersatztoner eines Druckers, der nicht häufig benutzt wird.

Abb. 136: *Kanban befindet sich jeweils hinter dem letzten Teil des Normalbestandes*

Abb. 137: *Abweichungen einfach erkennen! – Der Sicherheitsbestand ist unterschritten (links) und der Kanban liegt noch dort. Ein Fehler, der nicht nur auffällt, sondern auch gleich korrigiert werden kann*

Abb. 138: *Kanban mit haptischem Sicherheitsbestand – Die Teile des Sicherheitsbestandes befinden sich hinter einer aus Schaumstoff gebastelten „Absperrung"*

11.8.3 Tipps zur Anwendung von Kanban

Es wird auch Teile geben, für die Sie kein Kanban erstellen. Diese Teile sollten separat gelagert werden. Stellen Sie sich vor, es liegen zwei Artikel in einem Regal nebeneinander. Eines mit Kanban, eines ohne. Der Artikel mit Kanban ist nun in Bestellung, d. h., der Kanban ist nicht mehr da. Es kann nun nicht mehr unterschieden werden, wozu der Kanban gehört.

Hier gibt es mehrere Lösungen:

1. In der Regel werden die Nicht-Kanban-Materialien in der Unterzahl sein, dementsprechend können diese gesondert gekennzeichnet werden (Zusatz „ohne Kanban"). Damit man hier nicht unnötig viele Kennzeichnungen anbringen muss, reicht in der Praxis eine eindeutige Kennzeichnung, dass es sich um Nicht-Kanban-Material handelt.

2. Wenn festgelegt wird, dass alle Kanban-Materialien einen optischen Sicherheitsbestand haben, ist ebenfalls eine klare Zuordnung gegeben, für den Fall, dass der Kanban (Bestellkarte) nicht mehr vorhanden ist.

Beispiel

In diesem Hochregalbereich lagern diverse Verbrauchsmaterialien. Da die Befestigung der Karte in fünf Metern Höhe nicht möglich ist, haben sich die dortigen Mitarbeiter Folgendes einfallen lassen (vgl. Abb. 139).

Abb. 139: Kanban für Produkte aus einem Hochregallager – Wird der Kanban entfernt, befindet sich der Hinweis „Bestellt" an dieser Stelle

Die Kanban-Methode bietet die Möglichkeit, den internen Produktions- und Nachschubprozess zu steuern. Das bedeutet, dass vorgelagerte Prozesse keine „Aufträge" ohne konkreten Bedarf produzieren. Es wird erst dann produziert, wenn der Kanban einen Nachschub anfordert. Das senkt Bestände und Durchlaufzeiten.

12   Schritt 3: Sauber halten

Stellen Sie sich vor, Sie haben zu Schulzeiten einen besten Freund. Dieser geht nach der Schule zur Marine in den Norden Deutschlands und Sie direkt zur Ausbildung in den Süden. Wenn Sie nun zehn Jahre lang nicht mehr miteinander telefonieren, sind Sie dann noch „beste Freunde"?

Jeder von uns kann sich noch an die Phasen des Frischverliebtseins in jungen Jahren erinnern. Ist Ihnen das „Monatliche" in diesem Zusammenhang geläufig? Das sind die monatlichen Momente (bei mir der 24.), in denen man seinen Schatz trifft, Blumen mitbringt und Essen geht, weil man ist ja heute „drei Monate zusammen". Im Laufe der Zeit werden die Blumen weniger und irgendwann gibt es Aufmerksamkeiten nur noch zu großen Anlässen wie Geburtstagen und Weihnachten mit der Konsequenz, dass irgendwann einer von beiden die Tasche packt und geht. Die meisten Scheidungsfälle resultieren aus mangelnder Beziehungspflege. Alles, was dauerhaft halten soll, bedarf einer gewissen Pflege. So ist es ist auch bei dem Erhalt von Strukturen.

Die Einführung der 5S-Methode ist ein Tauschgeschäft. Sie tauschen Zeitkapazitäten ein und erhalten dadurch eine höhere Produktivität. Kein Gewinn ohne entsprechenden Einsatz. Der Pflegeaufwand für die Aufrechterhaltung der 5S-Methode ist sehr gering, sofern die Pflege regelmäßig durchgeführt wird.

Beispiel
An einer Produktionsanlage (2-Schicht-Betrieb) mit jeweils zwei Mitarbeitern pro Schicht werden Suchzeiten in Höhe von mindestens 75 Minuten pro Woche und Mitarbeiter investiert. Der Gesamtaufwand der Suchzeiten von 300 Minuten pro Woche lässt sich durch 10 bis 15 Minuten Pflege komplett substituieren.

12.1   Veränderung von Strukturen

Alles, was im Leben Bestand haben soll, muss gepflegt werden. Das Gleiche gilt auch für die 5S-Methode. Folgende Veränderungen treten in der Praxis auf:

1. **Zusätzliche Materialien**: Es kommen neue Dinge hinzu (Ersatzteile, Werkzeuge, Hilfsmittel etc.). Da im Tagesgeschäft oft nicht unmittelbar die Möglichkeit besteht, die neuen Dinge nach der 5S-Methode zu ordnen, werden

Schrank oder Schublade geöffnet und die Dinge unstrukturiert darin verstaut.

2. **Verschwundene Materialien**: Ab und an verschwinden Dinge. Diese fallen z. B. hinter einen Schrank, unter die Maschine oder verschwinden auf sonstige Weise. Wird dieses Fehlen nun über einen längeren Zeitraum akzeptiert, ist es erneut der Anfang vom Ende Ihrer Struktur.

3. **Fehlende Motivation**: Haben Sie schon mal keine Lust auf etwas gehabt? Mir ging und geht es oft so. Ich predige Wasser und erwische mich selbst manchmal beim Weintrinken. Im hinteren Bereich meiner Garage habe ich einen festen Platz für Arbeitshandschuhe. Ich kann mich an den sehr warmen Sommer 2018 erinnern, in dem ich die benutzten Handschuhe aus Zeitgründen – ich wollte mit den Kindern schwimmen gehen – in den vorderen Bereich der Garage an einem falschen Platz abgelegt habe.

4. **Vergesslichkeit**: Ein vierter Grund der Veränderung von Strukturen ist es, dass zum Teil Dinge aus Vergesslichkeit liegen gelassen werden und deshalb ihren Weg nicht zurückfinden.

Wie zuvor bereits erwähnt, biete ich Ihnen ein Tauschgeschäft an. Nehmen wir an, in einer Abteilung wenden fünf Mitarbeiter je eine Stunde Suchaufwand je Woche auf (sehr konservative Betrachtung). Mit der 5S-Methode bekommen Sie die Möglichkeiten, diese fünf Stunden der nicht wertschöpfenden und stressbehafteten Tätigkeit durch ca. 15 bis 20 Minuten pro Woche durch einen Mitarbeiter zu substituieren. Aus meiner Sicht ist das ein gar nicht so schlechter Tausch (280 Minuten Einsparung von Suchzeiten. Dies entspricht einer Renditehöhe von mehr als 93 %.).

12.2 Akzeptanz der Mitarbeiter – langfristige Wirksamkeit

Die Unternehmensberatung Mutaree GmbH (vgl. Mutaree (2018): Change-Fitness-Studie. https://mutaree.com/downloads/Change-Fitness-Studie_2018_Infogramm.pdf. Abrufdatum: 05.08.2020) hat in einer Studie eine interessante Formel aufgestellt und unterstreicht damit meine Erfahrung in der Praxis:

$$Q \times A = W$$

Qualität des Inhaltes (Q) x Akzeptanz der Durchführenden (A) entspricht der Wirksamkeit (W). Diese Formel lässt sich auf jedes „Change-Projekt" übertragen.

Entscheidend für den dauerhaften Erhalt der Mitarbeiter sind im Wesentlichen zwei Faktoren:

1. Die **Akzeptanz der Mitarbeiter** wird erreicht durch eine inhaltlich sinnvolle Umsetzung. Diese kann nur durch direkte Beteiligung der Mitarbeiter gelingen.

2. Den Mitarbeitern **Zeit für die Pflege/den Erhalt** geben.

Die erste Stufe der Akzeptanz seitens der Mitarbeiter wird dadurch erreicht, dass die Mitarbeiter die Methodik selbst umsetzen. Auf der einen Seite gilt es, Ideen und Lösungen zu finden, auf der anderen Seite diese in die Praxis umzusetzen. Das, was der Mitarbeiter sich selbst ausgedacht hat, behält er deutlich länger bei, als von anderen vorgegebene Inhalte. Da jeder Mitarbeiter die Möglichkeit hat, sich dauerhaft daran zu beteiligen und in diesem Zuge auch gleichermaßen „Langzeitthemen" gelöst werden, entsteht eine ganz besondere Dynamik der Aufrechterhaltung. Die Menschen lernen die neue Struktur unter anderem durch Fühlen und Selbstmachen.

> **„Was du mir sagst, behalte ich einen Tag,**
> **was du mir zeigst, behalte ich eine Woche,**
> **woran du mich mitgestalten lässt, ein ganzes Leben!"**
> *Laotse*

12.3   Patenschaften

Patenschaften sind ein hilfreiches Instrument zur tieferen Verankerung der Akzeptanz, insbesondere zu Beginn der neuen Struktur. Der Pate übernimmt dabei für einen ausgewählten Bereich „zusätzlich" Verantwortung.

Beispiel
Wenn ich Ihnen die Frage stellen würde, ob das Wort Kontrolleur ein positives oder negativ belegtes Wort ist, würden Sie wahrscheinlich eher zu negativ tendieren. Kaum jemand möchte der Kontrolleur oder „Buhmann" sein. Stellen Sie sich nun vor, das Ordnungsamt entscheidet morgen, dass es keine Kontrolleure mehr im Bereich „Falschparken" geben würde. Auf der einen Seite würde mich das persönlich zunächst freuen, auf der anderen Seite würde ich einem solchen Vorhaben konkret wahrscheinlich nicht zustimmen, da dann auch permanent Feuerwehrein-

fahrten und andere wichtige Verkehrsadern aufgrund seltsam parkender Autos verstopft wären.

Kontrolleure für die 5S-Methodik zu installieren, halte ich aus dem oben angesprochenen Grund für sehr schwierig. Nichtsdestotrotz bedarf es insbesondere zu Beginn der neuen Struktur einer Art Kontrolle, was unter anderem daran liegt, dass Menschen mitunter mehrere Anläufe benötigen, um alte Verhaltensmuster abzuschütteln. Das Wort Kontrolleur weckt negative Assoziationen, beim Wort „Patenschaft" hingegen sieht das schon ganz anders aus. Patenschaften oder Pate von etwas zu sein ist ein positiv belegter Begriff.

Abb. 140: Doppel-Patenschaft für eine Maschine eines 2-Schicht-Betriebes

Beispiel

Nach einem meiner ersten 5S-Workshops (zwei Tage an einer Produktionsanlage) bin ich am dritten Tag gegen acht Uhr zur Maschine gekommen und stieß auf einen sehr grimmig guckenden Mitarbeiter im Bereich des Besenboards. Nach meinem „Guten Morgen" habe ich ihm gesagt: „Ärgerlich, dass schon ein Besen von dreien fehlt!". „Genau", antwortete mir der Kollege. „Und Du hast uns gesagt, dass das System funktioniert. Es gab gestern weder Spät- noch Nachtschicht und trotzdem fehlt der Besen, dein System funktioniert doch nicht!"

Nach einer kurzen Pause habe ich ihn gefragt, wie viele Besen am Tag vor dem Workshop an der Maschine waren. Seine Antwort: „Null, deshalb haben wir das doch auch gemacht!". „Gut", habe ich gesagt, „dann sind zwei Besen heute doch schon einmal besser als kein Besen vor dem Workshop!" Dennoch war die Situation natürlich unbefriedigend, gleichwohl es schön zu sehen war, mit welcher Leidenschaft der fehlende Besen von dem Mitarbeiter vermisst wurde, der schon durch Theorie und Praxis in Sachen 5S ausgebildet war.

Ich habe ihn darum gebeten, dass wir nun zwei Schritte zurückgehen und er überlegen soll, wie viele neue Spielregeln sich die Kollegen in zwei Tagen haben einfallen lassen, die es vorher noch nicht gab. Nach kurzer Überlegung antwortete er ca. 80 bis 100 Regeln. Auf meine Frage, ob wir Menschen uns von heute auf morgen an 100 neue Spielregeln gewöhnen können, hat er geantwortet: „Nein, das benötigt eine gewisse Zeit!".

Damit hatte er vollkommen Recht. Ich habe ihn dann gebeten, mit mir die Patenschaft für das Besenboard zu übernehmen und folgende Aufgabe war damit verbunden: In der Halle waren zu dem Zeitpunkt ca. 60 Mitarbeiter anwesend. Da der Bereich ungefähr in der Mitte lag, haben wir uns aufgeteilt und alle Mitarbeiter im Schnelldurchlauf gefragt, ob diese unseren Besen mit schwarzer Markierung gesehen haben. Der Durchlauf hat ca. drei Minuten gedauert und niemand hat uns beantwortet, wo der Besen ist. Darum ging es auch nicht. Am nächsten Tag war der Besen wieder da. Im weiteren Verlauf der Umsetzung haben die Mitarbeiter es als sehr wichtig angesehen, dass sich die Paten zu Beginn der Umsetzung gemeldet haben, um aufzuzeigen, dass etwas nicht mehr so vorhanden ist wie vereinbart.

Ziel der Aktion war es, die neuen Spielregeln in Erinnerung zu rufen, zumal in dieser Situation die Besonderheit gegeben war, dass der Bereich mit dem Besenboard der erste 5S-Bereich des Unternehmens war und die Mitarbeiter aus anderen Bereichen noch gar nicht wussten, was hinter der Methodik steckt.

12.3.1   Was ist die konkrete Aufgabenstellung des Paten?

Der Pate ist nicht derjenige, der die Maschine, den Arbeitsplatz, den Schrank oder das Regal wieder aufräumt, nachdem vom Sollzustand abgewichen wurde, sondern lediglich der zusätzlich Verantwortliche für eine Sache (neben den Führungskräften). Verantwortung übernehmen bedeutet in dem Zusammenhang nur, darauf hinzuweisen, dass es in der Praxis nicht so läuft, wie es verabredet wurde.

Dafür ruft der Pate nach den ersten Abweichungen seine Kollegen zusammen und es wird vor Ort über die Problematik gesprochen und diese dabei behoben. Sollte der Pate damit nicht weiterkommen, setzt er sich mit seinem Vorgesetzten in Verbindung. Gleiches gilt z. B. auch für Mitarbeiter, die eine Patenschaft für Maschinen oder Maschinenteilbereiche übernommen haben. Wird dort eine notwendige Reparatur nicht durchgeführt, spricht der Pate das an der dafür vorgesehenen Stelle an. Die Patenschaft in einem Unternehmen kann nur funktionieren, wenn alle Mitarbeiter gleichermaßen eine Patenschaft tragen.

12.3.2 Wo sind Patenschaften sinnvoll?

Die folgenden Bereiche eignen sich für die Einrichtung von Patenschaften:
- Maschinen,
- Material- und Ersatzteilschränke,
- Räume/Regale,
- Werkzeugwagen,
- Stapler-Fahrgeräte und
- Maschinen/Bereiche ohne feste Zuordnung (Niemandsländer).

In der Praxis gibt es Betriebe, die sehr stark rotieren, d. h., die Mitarbeiter wechseln häufig die Maschinen. In dem Fall wäre es ratsam, diejenigen Mitarbeiter Paten werden zu lassen, die relativ häufig an der Maschine sind.

12.3.3 Wie finden Sie die Mitarbeiter für die Übernahme von Patenschaften?

In der Regel übernehmen diejenigen Mitarbeiter die Patenschaft, die sich um die 5S-Umsetzung in dem jeweiligen Bereich gekümmert haben. Es sollte darauf geachtet werden, dass möglichst jeder Mitarbeiter eine Patenschaft übernimmt. Im Zuge der Workshops ergibt es sich oft von ganz allein, welche Mitarbeiter für welche Bereiche die Patenschaften übernehmen wollen. In meinen Trainings halte ich es an Maschinen mit mehreren Maschinenführern gern so, dass ich die Mannschaft mit ausreichend Kleingeld zum Kaffeeautomaten schicke, 15 Minuten Zeit vorgebe und sie bitte, mit einer abgestimmten Patenschaft zurückzukommen. Wird dabei keine Einigung gefunden, sollte die Abstimmung zur Patenschaft moderiert werden.

12.3.4 Wie werden die Patenschaften gekennzeichnet?

In der Regel werden die Patenschaften auf einem DIN-A4- oder DIN-A5-Dokument festgehalten. Neben den Namen der Paten sollten ein paar Sätze zum Inhalt und eventuell zur Kompetenz der Patenschaft geschrieben werden. Darüber hinaus schaffen Unterschriften (gern auch bis auf Ebene der Geschäftsführung) einen hohen Grad an Verbindlichkeit.

Beispiele für Patenschaften für Materialschränke und Räume haben Sie bereits kennengelernt (vgl. Kap. 8). Die Patenschaften auf der Ebene von Maschinenarbeitsplätzen werden mit einem Foto gestaltet. In der Praxis kommt es durchaus vor, dass die Kollegen kein Foto von sich wünschen. In dem Fall bitten Sie einfach um die Nutzung eines Avatars, d. h., der Mitarbeiter darf sich ein Bild aussuchen. Das kann der Lieblingsverein, das Lieblingstier, ein Vorbild etc. sein.

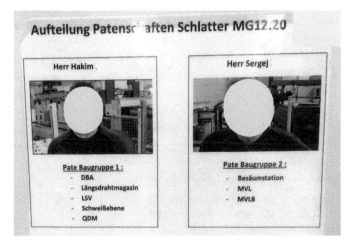

Abb. 141: Großanlage mit insgesamt vier Paten, unterteilt nach Funktionsbereichen

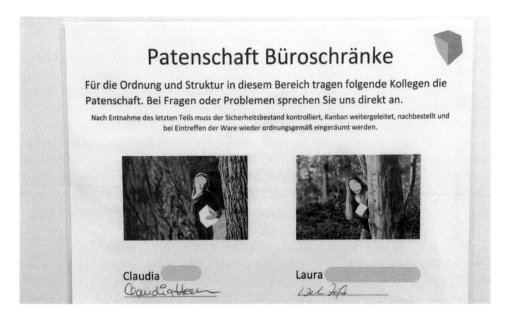

Abb. 142: Doppelpatenschaft

12.4   Zeit geben für die Pflege von 5S

Ein essenzieller Schritt für die Beibehaltung der neu geschaffenen Struktur ist die aktive Pflege. Mit Pflege ist dabei ein sehr überschaubarer Zeitaufwand gemeint, ohne den es jedoch nicht funktionieren kann.

In vielen Unternehmen – insbesondere in größeren Unternehmen – werden Prozesse mithilfe eines Audits sichergestellt. Bei den meisten Mitarbeitern, die die DIN ISO 9001 kennen, ist das Wort Audit nicht sonderlich beliebt. Ein Audit (auditare = anhören) hat lediglich das Ziel, den aktuellen Zustand aufzunehmen und zu dokumentieren, nach Möglichkeit mit unabhängigen Bewertern. Nachdem die Auditoren ihr Audit durchgeführt haben, bekommen die Abteilungsleiter und Mitarbeiter das entsprechende Ergebnis.

Folgende Probleme stehen in Zusammenhang mit Audits:
1. Die Audits, die durch Kollegen/Vorgesetzte oder Beauftragte durchgeführt werden, binden Kapazitäten und verursachen Kosten, ohne ein verändertes Ergebnis zu generieren. Nach der Ist-Aufnahme durch die Auditoren hat noch keine Veränderung im Ergebnis stattgefunden.
2. Audits werden aus Zeitgründen oft gar nicht durchgeführt.
3. In vielen Unternehmen wird eine stetige Steigerung des Auditergebnisses erwartet, was zu enormem Frust und schlechter Stimmung führt, für den Fall, dass das Ergebnis nicht so ausfällt, wie erwartet.

Die Aufgabe des Audits ist es, den Mitarbeitern – bzw. dem Unternehmen – aufzuzeigen, wie der Stand der Dinge ist. Die Mitarbeiter selbst sind häufig bereits im Bilde. Sollten die Mitarbeiter den Stand der Dinge nicht kennen, macht es deutlich mehr Sinn, den Mitarbeiter dahin zu bringen, dass er selbst Abweichungen erkennt und behebt. Es gibt Unternehmen, die führen in der Praxis vier Audits pro Jahr durch und nehmen eventuell das gleiche Problem vier Mal auf. Hier wäre die Zeit besser in die Abarbeitung des Problems investiert, als immer wieder Zeit in die Aufnahme zu stecken. Was der Mitarbeiter für die Problembehandlung oder Behebung der Abweichung benötigt, ist der richtige Blick, die benötigte Zeit und die Materialien zur Umsetzung.

12.5   Die Selbstkontrolle

Da Auditierungen den aktuellen Zustand nicht verbessern, habe ich vor einiger Zeit für Produktionsbereiche die sogenannte Selbstkontrolle entwickelt. Diese ist sehr einfach in der Durchführung und ist praktisch nichts anderes als ein positiver Zwang zur Aufrechterhaltung – eine Art „psychologische Krücke". Die Mitarbeiter setzen sich dabei regelmäßig mit der Struktur ihres Arbeitsplatzes auseinander und beheben Abweichungen selbst.

12.5.1   Wie funktioniert eine Selbstkontrolle?

Die Selbstkontrolle erfolgt mit einem logisch aufgebauten Dokument, das öffentlich an einer Maschine aushängt. Die Durchführung der Selbstkontrolle ist ab dem Moment sinnvoll, ab dem der Erstaufbau von 5S abgeschlossen ist, d. h. sobald z. B. ein Arbeitsbereich komplett der 5S-Struktur unterliegt. In den ersten zwölf Wochen empfehle ich die wöchentliche Durchführung der Selbstkontrolle. Wenn sich die neue Systematik eingespielt hat, kann der Turnus auf z. B. vier Wochen verändert werden.

Für die Durchführung der Selbstkontrolle bekommt der Mitarbeiter ein Dokument mit definierten Fragen, fest definierter Zeit und dem Zugriff zu den benötigten Materialien (Beschriftungsgerät, Messer, Klebeband, Schaumstoffeinlage). Gerne biete ich Ihnen hierfür eine Vorlage an.

12.5.2   Hinweise zum Aufbau und der Durchführung einer Selbstkontrolle

Die Selbstkontrolle ist ein nach logischen Kriterien aufgebautes Prüfdokument, das der Mitarbeiter regelmäßig an seinem Arbeitsplatz ausfüllen muss.
Vorgehensweise:

1. Eintrag des aktuellen Datums
2. Eintrag des Datums der letzten Selbstkontrolle. Sollte der Turnus der Durchführung wöchentlich sein, ist nun auf einen Blick zu sehen, ob sich die Mitarbeiter daran halten oder nicht. Steht beispielsweise beim Datum der letzten Selbstkontrolle 10.03. müsste die letzte Selbstkontrolle am 03.03. (bei +/- 3 Tagen sagt keiner etwas) durchgeführt worden sein. Sollte dem in der Praxis nicht so sein, müssen die Verantwortlichen reagieren, die Mitarbeiter darauf ansprechen und die Einhaltung der Spielregeln einfordern.

Datum der letzten Selbstkontrolle	03.03.	Datum der aktuellen Selbstkontrolle	10.03.

Abb. 143: Die Selbstkontrolle bietet den Vorgesetzten die Möglichkeit, eine „Schnellkontrolle" durchzuführen. Liegen zwischen dem Datum der letzten Selbstkontrolle und dem aktuellen Datum mehr als der vereinbarte Turnus, stimmt etwas nicht.

3. Die Abweichungen aus der letzten Selbstkontrolle sind abgearbeitet? Diese Frage darf nur mit „ja" beantwortet werden.
4. Mögliche Fragen: In der beispielhaften Selbstkontrolle (vgl. Abb. 144) finden Sie drei Fragen, es gibt auch Selbstkontrollen mit zehn Fragen. Zu Beginn ist es ratsam, mit wenigen Prüfpunkten zu starten.

Sie bestimmen den Inhalt der Selbstkontrolle. Erweitern und verjüngen Sie diese nach Belieben.

5S-Selbstkontrolle

Datum der letzten Selbstkontrolle			Datum der aktuellen Selbstkontrolle	
Alle Korrekturen aus der letzten Selbstkontrolle sind abgearbeitet.			JA	NEIN
Prüfpunkte	Kriterien	Bewertung 0-10 Punkte	Aufwand zur Behebung (in Min.)	Aktion/ Gespräch erforderlich
Kennzeichnung und Ausstattung				
Feste Plätze/ Adressen	Jeder Gegenstand hat eine feste Adresse (klare Kennzeichnung)!			
Stellplätze	Stellplätze sind im gesamten Bereich gekennzeichnet und lt. Vorgabe belegt!			
Alles ist an seinem Platz?	Alles ist vorhanden, es fehlt nichts!			
Aufwandschätzung zur Behebung der Abweichungen insgesamt (in Minuten)				
Erledigt bis				

Name und Unterschrift Inspektor/in _____

Abb. 144: Beispielhafte Selbstkontrolle – inspizieren statt prüfen!

12.5.3 Beispielhafte Erläuterung einiger Prüfpunkte

Prüfpunkt „Jeder Gegenstand verfügt über eine feste Adresse und klare Kennzeichnung"

Die Aufgabe des Durchführenden ist es, den Arbeitsplatz anzuschauen und anhand des Kriteriums zu bewerten. Sollten alle Teile eine feste Adresse und klare (eindeutige) Kennzeichnung haben, darf sich der Bewerter zehn Punkte geben. Stellt er hingegen fest, dass es Abweichungen gibt, darf er diese für sich bewerten.

Beispiel
In einer Abteilung oder an einer Maschine gibt es ca. 100 Teile, wovon zehn keine Kennzeichnung und Adresse haben, z. B., weil diese gerade neu geliefert wurden. In dem Fall könnte der Bewerter sich neun Punkte geben. Viel entscheidender als die Punkte ist jedoch die Frage, wie lange es dauern würde, bis die Abweichungen behoben sind und aus der neun eine zehn wird. In der Praxis sind das oft nur einige Minuten.

Prüfpunkt „Alles ist an seinem Platz"
Bei der ersten Frage geht es darum, ob alle Teile einen festen Platz und eine Adresse haben. Bei dieser Frage, ob alles vorhanden ist, soll überprüft werden, ob die Sachen auch noch wirklich vorhanden sind. Sollte etwas fehlen, wird der Vorgesetzte zwecks Nachbeschaffung informiert. In der Praxis wird es dann vorkommen, dass das verloren geglaubte Teil wiedergefunden wird, z. B. unter der Maschine. Das in dem Moment doppelt vorhandene Teil (meist Werkzeuge) wird dann an einen zentralen Lagerort gebracht. Fehlt zukünftig irgendwo im Unternehmen etwas, ist der zentrale Lagerort die erste Anlaufstelle.

Prüfpunkte	Kriterien	Bewertung 0-10 Punkte	Aufwand zur Behebung (in Min.)	Aktion/ Gespräch erforderlich
Kennzeichnung und Ausstattung				
Feste Plätze/ Adressen	Jeder Gegenstand hat eine feste Adresse (klare Kennzeichnung)!	8	10	
Stellplätze	Stellplätze sind im gesamten Bereich gekennzeichnet und lt. Vorgabe belegt!	9	2	
Alles ist an seinem Platz?	Alles ist vorhanden, es fehlt nichts!	10	0	

Abb. 145: Beispielhafte Selbstkontrolle mit Selbstbewertung

Während der Bediener die Selbstkontrolle durchführt, werden alle Abweichungen direkt behoben. Sollten die Abweichungen so viel Zeit in Anspruch nehmen, dass der Bewerter in der vorgegebenen Zeit mit der Selbstkontrolle inklusive Bearbeitung der Abweichungen nicht fertig wird, sollte eine kurze Rücksprache mit dem Vorgesetzten erfolgen. In dem Gespräch ist direkt zu klären, wann zeitnah die Möglichkeit der Umsetzung gegeben ist. Dieser Fall wird in der Praxis jedoch die Ausnahme bleiben. Die Realität sieht in der Regel so aus, dass die Bediener/Maschinenführer schon während der normalen Schicht den Ist-Stand kontrollieren und die Kleinigkeiten direkt beheben.

12.5.4 Organisation der Selbstkontrolle

Für die Durchführung der Selbstkontrolle müssen die Mitarbeiter Zugriff auf ausgedruckte Exemplare der Blanko-Selbstkontrollen und auf das Ordnungsmaterial wie z. B. Beschriftungsgeräte, Klebebänder etc. haben. Bei den Blanko-Selbstkontrollen bieten sich mehrere Lösungen an:

1. Blanko-Selbstkontrollen über zentrale Ausgabefächer zur Verfügung stellen;
2. Blanko-Selbstkontrollen an jeder Maschine/jedem Kontrollbereich zur Verfügung stellen;
3. Ablage auf dem Server (Vorlagen/Dokumente), sofern die Möglichkeit des Ausdruckens durch die Mitarbeiter vorhanden ist.

Die Prüfpunkte der Selbstkontrolle dürfen nach Belieben erweitert und angepasst werden.

Prüfpunkte	Kriterien	Bewertung 0-10 Punkte	Aufwand zur Behebung (in Min.)	Aktion/ Gespräch erforderlich
Schränke/ Schubladen	Alle Schubladen und Schränke verfügen über eine klare Kennzeichnung – Visualisierung.			
Patenschaften	Es wurden Patenschaften festgelegt und die Methode funktioniert.			
Rote-Karte-Prozess	Die Abarbeitung der Roten Karten funktioniert.			
Wartung/Pflege	Die Wartungsmaßnahmen werden durchgeführt und die Dokumentation der Durchführung ist aktuell?			

Abb. 146: *Mögliche Ergänzungsprüfpunkte*

12.5.5 Zeitpunkt und Art der Durchführung

Aus psychologischer Sicht sind Pflichtaufgaben zum Ende einer Schicht nicht ratsam, da die Mitarbeiter dann eigentlich nur noch nach Hause möchten. Aus diesem Grund macht die Durchführung zu Beginn oder in der Mitte der Schicht Sinn. Bei Schichten, die sich bei der Umsetzung der 5S-Methode nicht „grün" sind, bietet sich die gemeinsame (ordentliche) Durchführung zur Schichtübergabe an. Beide Schichten haben dann die Möglichkeit, nicht nur über sich in der Sache zu reden, sondern unmittelbar am Ort des Geschehens über die Sache zu sprechen. In einigen Fällen müssen Selbstkontrollen dieser Natur moderiert werden.

Ein weiterer Aspekt für die Auswahl des richtigen Zeitpunktes ist die Verfügbarkeit der Beschriftungsgeräte. Da es zum Teil mehr Bereiche mit Selbstkontrollen als Beschriftungsgeräte gibt, sollte dieser Aspekt bei der Planung berücksichtigt werden.

Die Selbstkontrolle verfolgt den Zweck des dauerhaften Erhalts. Wird die Methode regelmäßig angewandt, ist ein 5S-Niveau zwischen 97 % und 100 % realistisch. Sobald ein fixer Zeitpunkt der Durchführung festgelegt wurde, steht die Entscheidung, wer die Selbstkontrolle durchführt. Das 5S-Niveau sollte dabei so einfach aufgebaut sein, dass jeder – auch ein Externer – die Selbstkontrolle durchführen könnte. Mit anderen Worten bedeutet das, dass immer der Mitarbeiter, der zu dem Zeitpunkt dort arbeitet, damit beauftragt ist. In einigen Fällen treffen Unternehmen alternative Lösungen, indem z. B. immer der Pate die Selbstkontrolle durchführt. Auch hier gilt die Empfehlung, die Mitarbeiter an der Organisation der Durchführung zu beteiligen.

12.5.6 Was geschieht nach der Selbstkontrolle mit dem Dokument?

Die aktuelle Selbstkontrolle bleibt bis zur Durchführung der nächsten Selbstkontrolle an einer gut sichtbaren Stelle hängen. Nach Durchführung der neuen Selbstkontrolle wird die alte entsorgt. Der Aufwand sollte so gering wie möglich gehalten werden, der Fokus liegt auf der Wertschöpfung.

12.5.7 Was ist mit Maschinen, die längere Zeit nicht genutzt wurden?

Bei lange unbenutzten Maschinen bedarf es einer individuellen Lösung. Je nachdem wie stark das vorherrschende 5S-Niveau ausgeprägt ist, führen Sie die Kontrollen an Maschinen, die nur sporadisch oder längere Zeit nicht eingesetzt werden, in größeren Abständen durch. Dabei gilt generell die Faustregel: Was gut klappt, bedarf nur selten der Pflege oder Kontrolle. Sollte der Zustand nicht zufriedenstellend sein, ist die Kontrollfrequenz zu erhöhen. Die Erhöhung der Kontrollfrequenz kann dabei nur eine kurzfristige Maßnahme sein. Mit 5S wird das Ziel verfolgt, die Arbeit einfacher zu gestalten. Sollten die beteiligten Mitarbeiter in der Praxis davon immer wieder abweichen, gilt es deshalb, das „Warum?" zu beantworten und immer wieder mit den Mitarbeitern ins Gespräch zu kommen. Im Normalfall sind die Mitarbeiter eher Fans als Kritiker vom einfachen Arbeiten.

Einige Mitarbeiter und Führungskräfte haben zum Zeitpunkt der Umstellung große Befürchtungen, dass das System nicht klappt. Diese Befürchtungen haben ihren Ursprung in der negativen Erfahrung der Vergangenheit. Sobald die Mitarbeiter sehen, dass die Randbedingungen vorhanden sind und die Führung dahintersteht, wird sich die Zusammenarbeit an einigen Stellen dauerhaft zum Besseren ändern (vgl. Kap. 3).

Neben der Selbstkontrolle gibt es weitere Möglichkeiten, Pflegesysteme zu organisieren.

Beispiel

In einem mir bekannten Großraumbüro sitzen zehn Mitarbeiter. Alle zwei Wochen treffen sich alle zehn und losen aus, welcher Mitarbeiter die Ordnung oder auch neue Ideen an seinem Arbeitsplatz vorzeigen darf (funktioniert hervorragend).

12.6   Das Feuer anheizen!

Es spielt keine Rolle, wie weit Sie aktuell von der in diesem Buch dargestellten Struktur entfernt sind, ich verspreche Ihnen, dass die Gewöhnung an den neuen Zustand sehr schnell eintritt und mit der Gewöhnung endet oft auch die Motivation. 5S soll nicht nur das Fundament für einfaches und erfolgreiches Arbeiten sein, sondern auch Spaß und Freude im Umgang bereiten und sich durch dauerhaften Bestand auszeichnen.

Beispiel

Ich kann mich gut an ein Unternehmen erinnern, in dem es einen 5S-Champions-pokal gegeben hat. Dieser wurde alle drei Monate an die jeweils beste Abteilung im Hinblick auf den 5S-Erfüllungsgrad verliehen. Der Pokal wurde feierlich seitens der Geschäftsführung übergeben und an einer exponierten Stelle in der Abteilung aufgestellt (gern auf den Maschinen). Neben dem sportlichen Anreiz, der damit geweckt wurde, konnte man für 50 € Investition ganz nebenbei einen tollen Eye-catcher für Kunden installieren. Solche Besonderheiten sind Dinge, die der Kunde in seinen Gedanken mit nach Hause nimmt.

Die beschriebenen Pflegemaßnahmen „Patenschaften" (vgl. Kap. 12.3) und „Selbst-kontrollen" (vgl. Kap. 12.5) leben von der aktiven Beteiligung der Mitarbeiter – getreu dem Motto: „Alles geht schief, was schiefgehen kann! Und nichts geht schief, wenn es gut vorbereitet wird!".

Ein weiteres Erfolgselement sind regelmäßige Begehungen, die vor Ort durchge-führt werden. Die Begehung ist eine Runde, in der sich Führungskräfte, z. B. der Geschäftsführer mit dem Produktionsleiter, Schichtleiter etc. treffen und vor Ort den Stand der Dinge in Augenschein nehmen. Neben der aktiven Präsenz, die dadurch gezeigt wird, besteht die Möglichkeit, viele Kleinigkeiten vor Ort zu entscheiden. In der Kaizen-Philosophie wird in dem Zusammenhang von einem Gemba-Walk (Gemba = Ort des Geschehens) gesprochen. Aus der eigenen Praxis empfehle ich die Durchführung in einem wöchentlichen Turnus. Ein zwei- oder vierwöchentlicher Turnus ist auch möglich.

Die Begehung lebt im Wesentlichen von drei Punkten:

1. **Beobachten (Gemba-Prinzip)**: Der Rundgang mit offenen Augen dient dazu, Abweichungen zu suchen oder um einfach zu beobachten, was passiert. Es wird nicht allzu lang dauern, bis die erste fragwürdige Prozessbeobachtung gemacht werden kann.

2. **Probleme ansprechen**: Die Begehung dient außerdem dazu, offensichtliche Probleme anzusprechen und diese verbindlich anzugehen. Innerhalb der Begehung wird verabredet, wer sich bis wann, um welchen Punkt zu kümmern hat. Ist der jeweilige Zieltermin erreicht, wird das Ergebnis von den Führungskräften vor Ort begutachtet und gegebenenfalls weitere Schritte eingeleitet. In vielen Unternehmen ist es eher selten, dass z. B. der Chef durchgeht. Neben der Tatsache, dass die Geschwindigkeit der Umsetzung und die damit verbundene Nachhaltigkeit durch Begehungen sichergestellt werden, zeigt das Unternehmen so jedem Mitarbeiter, dass das Thema „Veränderung" ernst genommen wird. Innerhalb der Begehungen kommt es zwangsweise zum Dialog mit den Mitarbeitern! Nutzen Sie die Möglichkeit des Lean Managements auch für eine Veränderung der Kultur in Ihrem Unternehmen. Es ist möglich, jede Unternehmenskultur deutlich zu steigern, sofern Sie noch kein lebendiges System der Beteiligung haben.

3. **Einen Schritt langsamer gehen und handeln**: Sowohl Mitarbeiter als auch Führungskräfte sehen gern über Abweichungen hinweg. Zugegeben macht es das Leben kurzfristig einfacher, aber eben nur kurzfristig. Liegt z. B. etwas auf dem Boden herum und ein Verantwortlicher oder Mitarbeiter geht daran vorbei, ist das nichts anderes als eine offizielle Akkreditierung des Zustandes. Sehen Sie also nicht weg, sondern handeln Sie!

4. **Erfolgskontrolle**: Die Begehungen können dazu genutzt werden, umgesetzte Maßnahmen in der Praxis auf Erfolg zu kontrollieren.

13   Schritt 4: Standardisieren

Egal was Sie im Leben erreichen wollen, es funktioniert auf Dauer nur, wenn Sie es entsprechend absichern. Ähnlich verhält es sich auch beim Thema Prozessoptimierung. Jeder geschaffene Zustand benötigt einen einfachen Standard zur dauerhaften Beibehaltung (wie der Sicherungskeil den LKW gegen das Wegrutschen sichert) (vgl. Abb. 147). Wird der Standard vergessen, ist die Beibehaltung ein Produkt des Zufalls und wird in der Regel nicht lange vorhalten.

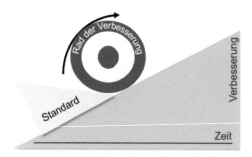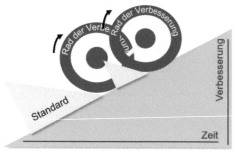

Abb. 147: Sicherung des erreichten Zustands durch Standards – eine Veränderung ist jederzeit möglich

13.1   Erreichtes absichern

Per Definition bedeutet „Standard" Folgendes: die einfachste und beste Art und Weise der Durchführung. Das Ziel eines Standards ist es, das Erreichte abzusichern. Mitarbeiter und Führungskräfte beklagen oft, dass erreichte Zustände nach einer gewissen Zeit wieder abklingen, da neue Mitarbeiter diese oft nicht kennen und sich andere nicht daran halten. Standards erfüllen den wichtigen Aspekt der Spielregel (Vereinbarung).

Abb. 148: Balanceakt zwischen der Schaffung und Einhaltung von Standards

Sie sind im Vergleich zu den zehn Geboten nicht in Stein gemeißelt. Standards dürfen und sollen gern verändert werden. Sobald ein Mitarbeiter oder eine Führungskraft eine Idee für einen verbesserten Standard hat, sollte darüber geredet werden und der Standard geändert und vereinfacht werden. Bitte ändern Sie keine Standards ohne Abstimmung!

Standardisierung bedeutet in diesem Zusammenhang gleichermaßen, dass gute Lösungen (Standards) aus einem Bereich in andere Bereiche getragen werden können, sofern der Einsatz dort ebenso sinnvoll ist. Damit soll vermieden werden, dass es in Bereich A Lösungen gibt, die in Bereich B nicht bekannt sind.

13.2   Einführung von Standards

Die Einhaltung der Standards bzw. die Einführung neuer Standards kann über zahlreiche Maßnahmen sichergestellt werden:
- Selbstkontrolle,
- Auditierungen (intern/extern),
- Handbuch für Mitarbeiter,
- Schreiben der Roten Karte sowie
- bei Abweichungen nicht wegsehen und im Gespräch bleiben.

Tipps für die Praxis

1. **Erstellen Sie ein Mitarbeiterhandbuch**! Stellen Sie sämtliche Spielregeln, die für die Zusammenarbeit von Relevanz sind, auf einfache – bebilderte – Art dar. Achten Sie bei der Umsetzung auf eine möglichst klare und einfache Struktur. Beteiligen Sie auch hier Mitarbeiter aus verschiedenen Bereichen.

2. **Schaffen Sie Standards**! Achten Sie darauf, dass bei Abweichungen/Problemen möglichst Standards geschaffen werden, mit dem Ziel, dass es zukünftig nicht noch einmal zum gleichen Problem bzw. es im Problemfall zur schnellstmöglichen Lösung kommt. Wie so oft sind auch hier Vertrauen und Kommunikation die Schlüssel zum Erfolg. Vertrauen ist wichtig, weil Hinweise zu Problemstellungen unter anderem von den Mitarbeitern kommen müssen. Da solche Hinweise nur ein Teil des Weges sind, bedarf es darüber hinaus einer Kommunikationskultur, in der das Besprechen und Lösen von Problemen Freude bereitet. Druck und Angst sind dabei sehr schlechte Wegbegleiter, die in der Praxis nur kurzfristige Erfolge feiern und langfristig zu einer „Kulturkatastrophe" führen.

3. **Seien Sie hartnäckig**! Jedes Ende hat seinen Ursprung, so auch bei der 5S-Methode. Der Mensch orientiert sich gern an anderen Menschen. Gehen z. B. Führungskräfte oder Kollegen an offensichtlichen Abweichungen vorbei, ohne darauf zu reagieren, ist die Wahrscheinlichkeit hoch, irgendwann komplett zum alten Verhaltensmuster zurückzukehren. Seien Sie, Ihre Kollegen und Mitarbeiter hartnäckig bei Abweichungen und sprechen diese

an. In der Regel ist es nur der Faktor Zeit, der für die Behebung der Abweichung zum Einsatz kommt. Hartnäckigkeit ist mitunter anstrengend. Einige Unternehmen haben an dieser Stelle den Ansatz gewählt, eine Art „Bad Cop/Boy" für das 5S-Thema zu benennen, der in einem gewissen Turnus wechselt.

4. **Gefahr der Überstandardisierung**! Bei der Umsetzung von Standards ist darauf zu achten, dass es nicht zur „Überstandardisierung" kommt. Standards sollen helfen, erreichte Zustände abzusichern und auf Bereiche zu übertragen, die von dem Standard profitieren können. Die sinnvolle Abweichung von Standards führt oft zu Weiterentwicklungen. Es ist o.k., wenn zwei absolut gleiche Maschinen sich in einigen Nuancen bei der Umsetzung der 5S-Methode unterscheiden, da die jeweiligen Maschinen gegebenenfalls unterschiedliche Arbeitsweisen haben, die im Ergebnis jedoch beide zielführend sind.

14   Schritt 5: Selbstdisziplin und ständige Verbesserung

Das Ziel dieses Schrittes ist der Beginn bei uns selbst und das damit verbundene Hinterfragen des eigenen Handelns.

Auf die Frage, wer im Leben der härteste Gegner ist, antworten meine Schulungsteilnehmer gern mit „mein Ehepartner". Das mag zum Teil sicherlich auch richtig sein (da ich selbst seit sieben Jahren mit der gleichen Frau verheiratet bin, kann ich das gut nachvollziehen), ist aber in diesem Fall nicht gemeint.

Hier geht es um uns selbst! Menschen haben die Eigenschaft, dass Sie sich gern das Fehlverhalten von anderen Menschen ansehen und sich darauf berufen respektive sich daran orientieren.

Beispiel 1
Ich selbst kann mich daran erinnern, dass ich zu schnell gefahren bin, als die Polizei mich anhielt. Ich wusste dem Polizisten sofort zu berichten, dass der vor mir doch viel schneller war – mit der ausgedrückten Empörung darüber, dass man mich als kleineren Fisch angehalten hat.

Beispiel 2
Es ist gar nicht lange her, dass meine Tochter noch in den Kindergarten ging. In ihrer Gruppe waren zehn Kinder, die alle eine Aufgabe erfüllen mussten. Meine Tochter und ihr Freund waren die beiden Kinder, die die Aufgabe nicht erfüllt hatten. Als ich meine Tochter darauf ansprach, erhielt ich folgende Antwort „Warum? Timo hat es doch auch nicht gemacht!".

Orientieren Sie sich im Unternehmen und im Leben nicht nach unten, lassen Sie sich nicht von negativen Beispielen zurückwerfen! Seien Sie selbst das Vorbild und zudem hartnäckig in der Sache! Wer selbst Vorbild ist, wird andere mitreißen! Die Quintessenz der persönlichen Disziplin liegt darin, dass die Mitarbeiter nun zum Feierabend nicht alles an Ort und Stelle stehen lassen, sondern einige Sekunden dafür aufbringen, um das zuletzt gebrauchte Teil wieder an den dafür vorgesehen Platz zu bringen. Das war es unterm Strich. Wer dazu bereit ist, profitiert die restliche Arbeitszeit von der einfachen Struktur.

Die Durchführung und Umsetzung dieses Schrittes lässt sich nur durch aktives Vorleben gestalten. Hier ist jeder Mitarbeiter angehalten, sich selbst immer wieder zu hinterfragen!

15 Vorher-Nachher-Beispiele

In den folgenden Beispielen sehen Sie die direkte Vorher-Nachher-Transformation der 5S-Methode.

Abb. 149: Handschriftlich unschöne Ausführung und Anleitung mit professionellem und langlebigem Charakter

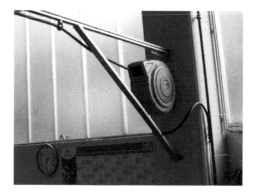

Abb. 150: Druckluftschlauch lose aufgehängt und bessere Aufhängung mit Schlauchabroller

Abb. 151: Material- und Ersatzteilschrank vorher und das Ergebnis nach dem 5S-Workshop

Abb. 152: Verbrauchsmaterialien ohne Übersicht – Nach erfolgter Sortierung herrscht nun Klarheit über die Verbrauchsmaterialien

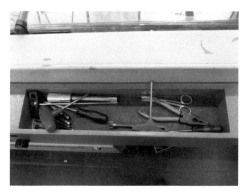 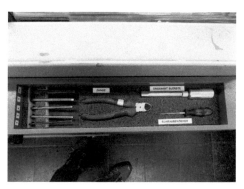

Abb. 153: Ablagefach an der Maschine mit unsortiertem Werkzeug und schließlich ergonomisch und einfach strukturiert

Abb. 154: Chaotische Ersatzteillagerung und Bildung von Lagerkisten für die Ersatzteile im Schaumstoff

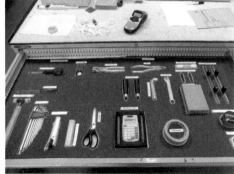

Abb. 155: Werkzeugschublade ohne und mit 5S

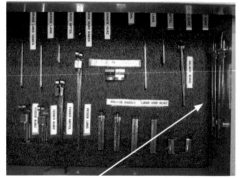

Abb. 156: Ein- und Ausbauteile einer Maschine und zusätzliche Nutzung der Innenseite mit Topfmagneten mit 5S

Abb. 157: Musterkartons Pizza vorher und nachher

Abb. 158: Besen sind „Rudeltiere"! Sie halten sich gerne gemeinsam an einem Platz auf und schließ-lich dezentrales Besenboard an einer Maschine

Beispiel

Sie legen zehn Bohrer mit unterschiedlichen Bohrgrößen in einen Karton und schreiben „Bohrer" drauf. Jetzt gibt es mehrere Möglichkeiten der Umsetzung der 5S-Methode.

Wenn die Bohrer nur selten eingesetzt werden und es in der Praxis kaum eine Rolle spielt, ob der 5er oder 6er Bohrer eingesetzt wird, wäre die einfache Kennzeichnung „Bohrerkiste" ausreichend und in Ordnung. Werden die Bohrer jedoch häufiger eingesetzt und es spielt dabei eine Rolle, dass die richtige Größe des Bohrers vorhanden ist, bedarf es einer spezifischen Aufteilung der Bohrer. Nur so kann frühzeitig erkannt werden, was gegebenenfalls fehlt.

In dem nebenstehenden Beispiel sehen Sie eine Anzahl diverser Bohrer mit unterschiedlichen Größen unsortiert abgelegt. In der Praxis kam es immer wieder dazu,

Abb. 159: Unterschiedliche unsortierte Bohrer

dass benötigte Bohrergrößen nicht vorhanden waren und Kundenaufträge nicht termingerecht erfüllt werden konnten.

Die zuständigen Mitarbeiter aus dem Bereich haben sich für die Umsetzung einen einfachen Karton genommen und diesen mit unterschiedlichen Fächern, nach Größen unterteilt, aufgebaut.

Darüber hinaus wurde für alle Bohrergrößen ein Sicherheitsbestand in Höhe von vier Stück festgelegt. Unmittelbar nach der Sortierung ist den Mitarbeitern aufgefallen, dass einige Bohrergrößen sofort bestellt werden müssen und bei anderen der Sicherheitsbestand erreicht ist.

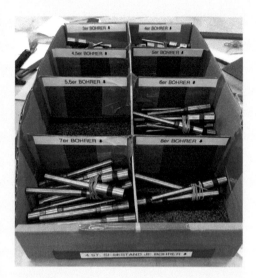

Abb. 160: *Lagerung von unterschiedlichen Bohrergrößen vorher und nachher – Fehlende Bohrer fallen sofort auf; Gummiband = Sicherheitsbestand Grundlage: Faltkarton + Trennung in der Mitte und Schaumstoffen als Treppe*

Teil E

Planung und Umsetzung der 5S-Methode

16 Planung und Organisation der 5S-Umsetzung

Die größte Hürde bei der Umsetzung der 5S-Methode ist der Start. Da die Einführung der 5S-Methode auf dem gesamten Gelände eines Unternehmens Sinn macht, kommen im Laufe der Umsetzung alle Bereiche an die Reihe. Suchen Sie sich für die ersten Workshops Bereiche aus, in denen die Mitarbeiter aus ihrer Sicht das größte Potenzial sehen (anders ausgedrückt, wo gern und oft gesucht wird).

16.1 Umsetzung der 5S-Methode

In der Praxis gibt es zwei Möglichkeiten der Umsetzung, die sich bewährt haben:
1. Umsetzung im gesamten Unternehmen in einem Block
2. Stufenweise Umsetzung

Je nachdem, welche Rahmenbedingungen Sie haben, wird es Ihnen nicht immer möglich sein, die Umsetzung in einem Block hinzubekommen, was dem einfachsten und schnellsten Weg der Umsetzung entspricht. Für solche Fälle bietet sich die stufenweise Umsetzung an.

Beispiel
Bei 100 Mitarbeitern ergeben sich rechnerisch zehn Aktionen pro Mitarbeiter an zwei Tagen. Führen Sie zwei Aktionen im Januar durch, zwei im Februar, zwei im März usw., so wie es sich in Ihrem Tagesgeschäft unterbringen lässt.

Den optimalen Zeitpunkt für die Umsetzung gibt es nicht. Beim Bau einer neuen Halle oder der Aufstellung einer neuen Maschine werden Stillstandzeiten in Kauf genommen, in der Hoffnung, dass es nach dem Umbau einen deutlichen Benefit gibt. Ähnlich ist es bei der Einführung von 5S auch.

Die Umsetzung der 5S-Methode ist für die Mitarbeiter und Führungskräfte im ersten Schritt eine enorme Veränderung. Teilweise werden Verhaltensmuster aufgelöst, die sich über viele Jahre gebildet haben, sowohl bei den Führungskräften als auch bei den Mitarbeitern. Damit Ihnen das gelingt, müssen Ihre Mitarbeiter und Führungskräfte ausgebildet werden und wissen, worum es konkret geht. Die meisten Unternehmen versuchen die Umsetzung der 5S-Methode ohne fundierte Ausbildung der Mitarbeiter, was in der Praxis nur sehr selten gelingt. Ein kleiner Flyer oder eine Kurzunterweisung reichen nicht aus, um die

Inhalte der 5S-Methode den Mitarbeitern nahezubringen und diese dafür zu begeistern.

1. Allgemeine Information

Der erste Schritt auf dem Weg zur Umsetzung beinhaltet die frühzeitige Information der Mitarbeiter, dass die Einführung der 5S-Methode geplant ist. Dies ist der Aufbruch zu etwas Neuem und sollte entsprechend „laut" angekündigt werden. Diese Information kann sowohl in Form einer Betriebsversammlung als auch in Abteilungsgesprächen, unterstützt durch Aushänge, erfolgen.

2. Erstellung eines Umsetzungsplanes

Um eine strukturierte Einführung des 5S-Methode zu gewährleisten, ist es sinnvoll, im Vorfeld einen groben Umsetzungsplan zu erstellen. Dafür teilen Sie Ihr Unternehmen in unterschiedliche Bereiche auf und planen, wann für welchen Bereich die Umsetzung vorgesehen ist.

3. Theorieschulungen

Vor der praktischen Umsetzung in Workshops gilt es, die Mitarbeiter in Kleingruppen (ca. acht bis zwölf Personen) in der Theorie zu schulen und für das Thema zu sensibilisieren. Für die Theorieschulung empfehle ich den folgenden inhaltlichen Umfang:

- Erklärung und Bedeutung der Kaizen-Philosophie,
- Sensibilisierung für Wertschöpfung und Verluste,
- visuelle Werkzeuge,
- Rote-Karte-Prozess,
- die 5S-Methode,
- Patenschaften, Selbstkontrollen,
- Kanban-Methode zur Nachschubsteuerung von Standardmaterialien und
- Kommunikation im Unternehmen.

Ziel der Schulung ist es, die Mitarbeiter zu sensibilisieren, 5S zu erläutern, Praxisbeispiele zu zeigen sowie konkrete Hilfestellung für die Umsetzung im eigenen Bereich zu geben. Die Schulung dauert erfahrungsgemäß zwischen vier und sechs Stunden und findet im Unternehmen vor Ort anhand einer anschaulichen und praxisnahen Präsentation statt. Erstellen Sie zu diesem Zweck eine eigene Schulungsunterlage für Ihre Mitarbeiter.

4. Beschreibung der Praxis-Workshops

Unmittelbar nach erfolgter Theorieschulung geht es mit der geschulten Kleingruppe in die praktische Umsetzung in Form eines 5S-Workshops mit einer Dauer von mindestens 1,25 Tagen. Ausgehend von einem 8-Stunden-Tag bleiben am ersten Tag nach der Theorieschulung noch zwei Stunden für die praktische Umsetzung.

Je nachdem wie groß der Bereich ist, in dem Sie starten wollen, gibt es mehrere Ansätze. Die Möglichkeiten der Umsetzung sind sehr flexibel im Hinblick auf die Anpassung an die eigene Situation. Die konkrete Festlegung, wo genau der Workshop stattfindet und welche Dinge konkret angegangen werden (Maschine, Schrank XY, Regal Kleinteile, Arbeitsplatz, Einrichter etc.) wird erst nach der Theorieschulung durch die Teilnehmer festgelegt. So bleiben Sie flexibel.

Führen Sie die Workshops in einem Bereich (Maschine/Abteilung/Büro/Materialräume) mit acht bis zwölf Personen durch. Dabei sollten mindestens drei Experten (Mitarbeiter) aus dem jeweiligen Bereich beteiligt sein. Die restlichen sieben Kollegen fungieren als Hilfskräfte, sofern diese nicht auch aus dem betroffenen Bereich kommen (Vorgesetzte, Technik und alle Kollegen aus anderen Abteilungen/Bereichen). Die Experten nehmen die Rolle der Entscheider wahr und die Hilfskräfte bemühen sich um die Umsetzung (stanzen, abkleben, Label erstellen etc.) nach entsprechender Einweisung durch die Experten.

Eine wesentliche Aufgabe der Experten im Workshop ist es, die Hilfskräfte zum Schwitzen zu bringen. Insbesondere während des ersten 5S-Schrittes – dem Aussortieren – wird den Hilfskräften mitunter langweilig, da die Experten sich zunächst einmal Gedanken machen müssen. Sobald der Experte den ersten Bereich strukturell durchdacht hat und die Helfer in die Umsetzung gehen, ist die Gruppe im Fluss. Danach holen die Hilfskräfte den Experten in der Regel nicht mehr ein. Sobald der Experte an einem Punkt angekommen ist, an dem er sich zu allen festgelegten Bereichen, die während des Workshops behandelt werden sollen, Gedanken gemacht hat, steigt auch der Experte mit in die Umsetzung ein. Wird eine Gruppe ausgewählt, in der sich jeder Mitarbeiter in dem Workshopbereich als Experte auskennt, sind die Experten nun auch gleichzeitig Hilfskräfte und gestalten die Umsetzung mit.

Workshop = Teamarbeit! Jedes Team sollte aus mindestens zwei Mitarbeitern bestehen. Im Workshop sollte niemand alleine arbeiten. Da die Methodik neu ist, sind damit auch Unsicherheiten verbunden. Das gemeinsame Arbeiten und die gemeinsamen Überlegungen, wie etwas umgesetzt werden könnte, gibt allen Sicherheit. Achten Sie darauf, alle Mitarbeiter und Führungskräfte zu beteiligen. Eine nachhaltige Wirkung auf die Mitarbeiter wird erzielt, wenn auch der Geschäftsführer an einem Vor-Ort-Workshop teilnimmt. Die Mitarbeiter erzählen auch Jahre später noch davon, wie es war, gemeinsam mit dem „Chef" im Blaumann zusammengearbeitet zu haben.

5. Einteilung der Mitarbeiter in Kleingruppen
Wie lassen sich sinnvolle Workshopgruppen unter Berücksichtigung des Tagesgeschäftes zusammenstellen und planen?

Der optimale Weg sähe wie folgt aus: Eine Produktion mit 80 Mitarbeitern – aufgegliedert in acht Abteilungen à zehn Mitarbeiter – benötigt acht Aktionen à zwei Tage für den Einstieg in die Umsetzung der 5S-Methode. Alle Mitarbeiter werden zwei Tage in Theorie und Praxis ausgebildet.

5S lebt davon, die Struktur am Arbeitsplatz gemeinsam festzulegen. Deshalb wäre es wünschenswert, dass nach Möglichkeit alle Mitarbeiter einer Abteilung an einer Workshopaktion teilnehmen können. Dieses Vorhaben ist in der Praxis zum Teil aus mehreren Gründen schwierig umzusetzen. In Schichtbetrieben ist der organisatorische Aufwand immens, alle drei Schichten für zwei Tage unter der Woche zum gleichen Zeitpunkt starten zu lassen. Darüber hinaus gibt es bestimmte Engpassmaschinen, insbesondere bei Dienstleistungsunternehmen, z. B. Weiterverarbeitern oder Lohnbetriebe, die nicht zwei Tage sprichwörtlich lahm gelegt werden können. Abweichend vom Optimalweg gilt es dann, einen möglichen Weg der Umsetzung zu finden. Wenn von zehn Mitarbeitern aus einer Abteilung maximal drei abkömmlich sind, bilden Sie 10er-Gruppen, indem Sie Mitarbeiter aus drei bis vier Bereichen auswählen.

Überblick über 5S-Schulungen/Workshops
- Dauer einer Schulungs-/Workshopaktion insgesamt: zwei Tage
- Durchführung einer Theorieschulung der Mitarbeiter (Schulungsunterlagen können Sie bei mir käuflich erwerben) mit einer Dauer von drei bis fünf Stunden (je nach Inhalt und Ausrichtung)
- Praktische Vor-Ort-Workshops (Umsetzung im eigenen Unternehmen)
- Optimale Gruppengröße: acht bis zwölf Mitarbeiter

16.2 Vorbereitung der 5S-Aktion

Wie so oft im Leben ist ein wesentlicher Erfolgsgarant die Vorbereitung der Umsetzung. Es empfiehlt sich eine Vorbereitung in den folgenden Schritten:

1. Termine und Bereiche festlegen
Erstellen Sie eine Roadmap für die Umsetzung, in der Sie konkrete Termine und Bereiche für die Umsetzung festlegen. Überlegen Sie sich, in welchem Zeitraum 5S eingeführt werden soll. In der Praxis empfehle ich Ihnen die Identifizierung von „Bereichen". Mit welchem Bereich wollen Sie beginnen?

2. Workshopteams zusammenstellen

Welche Mitarbeiter können an einer Aktion gemeinsam teilnehmen – unter Berücksichtigung des Tagesgeschäftes? Wer wird verantwortlicher Workshopleiter? Was macht der Workshopleiter? In vielen Fällen wird der jeweilige Vorgesetzte dazu gemacht. Es besteht gleichermaßen die Möglichkeit, den Kümmerer oder eine weitere Person als Verantwortlichen für den Workshop zu benennen.

3. Mitarbeiter einladen

Achten Sie darauf, die Mitarbeiter frühzeitig einzuladen. Es mag vorkommen, dass Sie eine Aktion mit Termin und Bereich planen, jedoch zu diesem Zeitpunkt noch nicht genau festlegen können, welche Mitarbeiter daran teilnehmen. In solchen Fällen empfehle ich Ihnen den potenziellen Mitarbeiterkreis frühzeitig zu informieren und gleichermaßen den Hinweis zu geben, dass die konkrete Auswahl der Mitarbeiter eventuell erst kurz vorher erfolgen kann.

4. Material beschaffen

Die benötigten Materialien sind in der Regel sehr schnell verfügbar. Kontrollieren Sie sieben bis zehn Tage vor der ersten 5S-Aktion, ob alle benötigten Materialien vorhanden sind.

5. Randabteilungen über Produktionsausfälle informieren

Die Ausbildung in der Theorie und in den praktischen Umsetzungsworkshops führen zu einer Reduktion Ihrer Kapazitäten. Achten Sie darauf, frühzeitig sämtliche Randabteilungen über den „Engpass" zu informieren, sodass diese sich darauf einstellen können.

16.3   Vorstellung der benötigten Materialien für den Start

Für den Start in die Praxis sind verschiedene Ordnungsmaterialien notwendig, die die Durchführung der 5S-Methode erleichtern. Es haben sich die folgenden Ordnungsmaterialien bewährt:

- Unterschiedliche Klebebänder für die Markierung von festen Bereichen/Plätzen,
- verschiedene Magnete zur Anbringung/Aufhängung von z. B. Werkzeugen,
- ml+ Schaumstoffeinlagen als Universalmaterial,
- unterschiedliche Faltkartons zur Aufbewahrung,
- Beschriftungsgeräte und
- Lagerkästen.

Diese Materialien sind wie immer nur eine Startbasis und dürfen gerne ergänzt und erweitert werden. Es ist darauf zu achten, dass auch diese Materialien nach den Kriterien der 5S-Methode gelagert werden.

Ich kann mich gut an einen Kunden erinnern, der – nachdem er die Methodik innerhalb von 18 Monaten im gesamten Betrieb umgesetzt hat – zum letzten Workshop immer noch mit der „Rummelkiste der Ordnungsmaterialien" erschienen ist. Da der Workshop nur der Start ist und es danach weiter geht, benötigen die Mitarbeiter freien Zugang zu den Materialien.

Die Materialien sollten in Kategorien unterteilt und für jede Kategorie kurz erläutert werden, was benötigt wird und wofür.

17 Der Umsetzungsplan

Sobald eine Zwei-Tage-Aktion in einem Bereich abgeschlossen ist, muss zeitnah die Verabredung zur Umsetzung der weiteren Schritte getroffen werden. Je nachdem wie groß der Bereich ist, in dem die Workshopaktion durchgeführt wurde, benötigen die Mitarbeiter bis zu drei weiteren Tagen für die finale Umsetzung der 5S-Methode. Werkstätten oder umfangreiche Materiallager benötigen zum Teil länger.

17.1 Organisation der weiteren Umsetzung

Damit Sie die offenen Dinge nicht aus den Augen verlieren und darüber hinaus den Überblick darüber behalten, wo Sie stehen, bietet sich ein einfacher Umsetzungsplan an. Den Aufbau sollten Sie so einfach wie möglich halten. Wichtig ist, dass Sie bestimmte Eckpunkte der Umsetzung festhalten und die Erledigung konsequent verfolgen.

Eckpunkte
- Grad der 5S-Umsetzung in %
- Aufwandsdauer zur Erfüllung bis 100 % in Stunden (Beispiel: 32 Stunden Aufwand bedeuten für vier Mitarbeiter einen Tag à acht Stunden, oder vier Mitarbeiter à zwei halbe Tage à vier Stunden, oder vier Mitarbeiter à vier Tage à zwei Stunden)
- Plantermin Fertigstellung
- Rote-Karten-Prozess aktiv
- Patenschaften Maschine/Arbeitsbereich
- Status Selbstkontrolle
- Kanban (ja/offen/nicht relevant)

Den Umsetzungsplan (vgl. Abb. 161) sollten die Führungskräfte und Mitarbeiter in einem kurzen Gespräch gemeinsam vereinbaren. In Bereichen, in denen es nicht gelungen ist, 5S binnen der Zwei-Tage-Aktion umzusetzen (das wird die Mehrzahl sein), sollten die Mitarbeiter kurz nach dem Workshop eine Antwort auf die Frage: „Wann geht es mit 5S weiter?" bekommen. Der kritische Punkt bei der Implementierung der 5S-Methode ist der Erstaufbau. Sobald dieser abgeschlossen ist, bedarf es nur noch der Pflege und Weiterentwicklung.

Sollten Sie in Ihrer Praxis einen kritischen Engpassbereich haben, bei dem es kaum möglich ist, die Mitarbeiter freizuspielen, sorgen Sie in diesen Bereichen für entsprechende Umsetzungsunterstützung aus anderen Bereichen. Sie kommen nicht an der zeitlichen Investition vorbei, dass die Mitarbeiter auch in kritischen Bereichen die Freiheit benötigen, sich in Ruhe Gedanken zu machen.

Arbeitsplatz/ Zentralbereich	5S Status	Aufwand in Std. bis zur 100%igen Fertig-stellung (Erstaufbau)	Plan-termin Fertigstel-lung	Paten-schaft visuell vor-handen?	Status Selbst-kontrolle	Farbe orts-veränder-liche Gegen-stände	Kanban (ja/offen/ nicht relevant)
Maschine 1900 (inklusive Ersatz-teilschränke)	50%	4 Stunden	31.08.	Uwe und Ullrich	offen	gelb	nicht relevant
Maschine Kaltschweißen	30%	30 Stunden	31.09.	noch nicht vergeben	offen	nicht relevant	ja
Maschine Extruder	100%	0	30.06.	Maria und Peter	1 Wo-chen-Tur-nus	rot	nicht relevant

Abb. 161: Beispielhafter Umsetzungsplan

Da trotz Schulung und Training der Mitarbeiter die Gefahr besteht, dass diese zum Teil eine andere Interpretation von 5S bei der Umsetzung an den Tag legen, soll-ten als fertig gemeldete Bereiche vor Ort durch den 5S-Koordinator oder einen internen Experten abgenommen und gegebenenfalls Korrekturmaßnahmen abge-stimmt werden.

17.2   Integration der Selbstkontrolle

Eine letzte Hürde auf dem Weg zum dauerhaften Erhalt ist die Etablierung der Selbstkontrollen. Wie in Kapitel 12.5 bereits beschrieben ist der beste Moment der Einführung der Abschluss des Erstaufbaus. Da kein System ohne Pflege bzw. Kontrolle auskommt, sollten die Vorgesetzten die Durchführung der Selbstkontrolle regelmäßig kontrollieren. Dabei werden Sie zum Teil Abweichungen vom Soll fest-stellen. Diese gilt es mit dem nötigen Fingerspitzengefühl anzusprechen. Manch-mal gibt es nachvollziehbare Gründe, warum vom Soll abgewichen wird. Zeigen Sie Verständnis und moderieren Sie Lösungen für die Zukunft. Es ist keine gute Idee, dabei Zwang auf die Mitarbeiter auszuüben. Eine zusätzliche Absicherung bieten Ihnen die Maßnahmen „Begehungen", „aktives Ansprechen der Mitarbeiter bei Abweichungen" (vergessen Sie nicht die kurze Kontrolle der Erledigung) und eventuell auch „Auditierungen".

„Ordnung ist die halbe Miete!", sagten früher die Großeltern schon immer. Im Be-zug auf eine erfolgreiche und produktive Zusammenarbeit bilden Ordnung und Struktur das Fundament, auf dem Sie weitere Bausteine der Prozessverbesserung optimal aufbauen können.

17.3   Das 5S-Kompetenzteam

Die Einführung der 5S-Methode führt dazu, dass die Mitarbeiter und Führungskräfte an zahlreichen Stellen Verbesserungen vornehmen möchten. Mit anderen Worten, es kommt ein großer zusätzlicher Berg Arbeit auf die Unternehmen zu. Um die Vielzahl der Themen stemmen zu können und die Mitarbeiter dauerhaft einzubinden, empfehle ich Ihnen die Gründung eines „5S-Kompetenzteams".

Wie ist das Kompetenzteam aufgebaut?
Das 5S-Kompetenzteam besteht in der Regel aus dem 5S-Koordinator, einigen Vorgesetzten und je einem Mitarbeiter aus den direkten Bereichen.

Wer ist im Kompetenzteam?
Jeder Bereich bzw. jede Abteilung sollte sich einen in der Sache besonders motivierten Mitarbeiter und/oder Vorgesetzten auswählen. Darüber hinaus müssen die Mitglieder des Kompetenzteams Mitarbeiter sein, die gut mit ihren Kollegen zurechtkommen und ein entsprechendes Vertrauen bei ihren Kollegen genießen.

Was macht das Kompetenzteam?
Einfach ausgedrückt: Es kümmert sich um die Abarbeitung – respektive um das Vorantreiben – von Problemlösungen. Sie kennen sicherlich Besprechungen, in denen nach Problemen gefragt wird und sich in dem Moment leider niemand meldet, was zumeist an der fehlenden Vorbereitung liegt. Das ist der Hauptgrund dafür, warum Unternehmen regelmäßige Zusammenkünfte gern abschaffen.

Damit diese Gefahr nicht Realität wird, ist es wichtig, dass die Mitglieder vorbereitet in die Gespräche gehen. Ein großer Fundus an Themen für das Kompetenzteam lässt sich durch die Roten Karten (vgl. Kap. 7) erstellen. Jeder Mitarbeiter hat die Möglichkeit, Probleme bei seinem Abteilungs-Kompetenzteam-Mitglied anzusprechen, mit der Bitte, eine Problemstellung in das Regeltreffen mitzunehmen.

Je nach Schwerpunkt lädt das Kompetenzteam Experten/Ansprechpartner aus betreffenden Fachabteilungen ein. Besonders viel Dynamik und Kraft entwickelt das Kompetenzteam, wenn auch der Geschäftsführer regelmäßig für die Treffen zur Verfügung steht.

17.4 Integration neuer Mitarbeiter

Mit der 5S-Methode funktioniert die Einarbeitung neuer Mitarbeiter deutlich leichter. Damit die neuen Mitarbeiter, die die 5S-Methode wahrscheinlich nicht kennen, sich in der „ungewöhnlich guten" Struktur zurechtfinden und vor allem auch zum Erhalt beitragen können, müssen auch neue Kollegen abgeholt und eingebunden werden.

Da nicht immer die Kapazität gegeben ist, jedem neuen Mitarbeiter eine lange Schulung zukommen zu lassen, bietet sich die Erstellung eines Handbuches sämtlicher Standards an. Das Handbuch gibt jedem Unternehmen die Chance, sämtliche Spiel-, Verhaltens- und Organisationsregeln transparent und einfach zu vermitteln. Geben Sie den neuen Mitarbeitern mit auf den Weg, dass der aktuelle Zustand des Unternehmens nur so gut ist, wie es die Ideen bis dahin zugelassen haben. Laden Sie die neuen Mitarbeiter ein, sich mit ihren Ideen aktiv in das Unternehmen einzubringen! Im Hinblick auf die 5S-Methode bzw. Ihres Produktionssystems bieten sich ebenfalls Paten an, die die neuen Mitarbeiter buchstäblich an die Hand nehmen und die Spielregeln bei einem Rundgang erklären.

Unter Umständen ist es sinnvoll, interne oder externe Schulungen für Ihre neuen Mitarbeiter zu organisieren. Egal wie Sie es anstellen, achten Sie darauf, dass neue Mitarbeiter sich schnell mit der 5S-Methode anfreunden und diese in der Praxis anwenden.

18 5S im Büro und in der Verwaltung

Analog zur Produktion macht die 5S-Methode auch im Büro bzw. in der Verwaltung Sinn. In der Verwaltung gibt es deutlich weniger Teile und Dinge zum Sortieren und darüber hinaus sind die meisten Arbeitsplätze Einzelarbeitsplätze.

Die Umsetzung ähnelt im Wesentlichen der Umsetzung in der Produktion, d. h., auch hier werden die fünf Schritte der 5S-Methode durchlaufen. Viele Büroarbeitsplätze haben in Teilen eine andere Struktur als die Arbeitsplätze in operativen Bereichen. Während in der Produktion oft viele Menschen an einer Maschine arbeiten, ist die noch überwiegende Anzahl von Büroarbeitsplätzen den Mitarbeitern fest zugeordnet.

Einige Mitarbeiter reagieren sehr sensibel auf den „gefühlten Eingriff" in die persönliche Freiheit, weshalb sie sich zunächst auf gemeinsam genutzte Arbeitsplätze konzentrieren sollten – Materialbereiche, Informationen, Kommunikation, Daten, Ablageflächen etc.

Abb. 162: Materialraum in der Verwaltung oder doch Gebrauchthändler für alte Computer?

18.1   Verlustarten im Büro

In Verwaltungsprozessen gibt es – wie in der Produktion auch – zahlreiche Verlustarten (vgl. Abb. 163). Diese lassen sich auch in der Verwaltung zum großen Teil mit einfachen Mitteln abstellen.

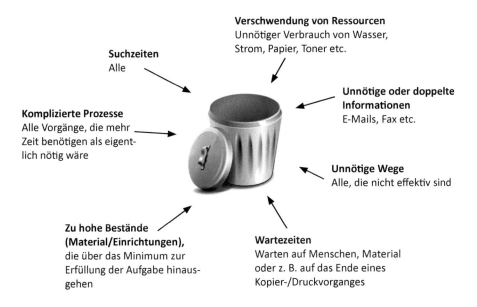

Verschwendung von Ressourcen
Unnötiger Verbrauch von Wasser, Strom, Papier, Toner etc.

Suchzeiten
Alle

Komplizierte Prozesse
Alle Vorgänge, die mehr Zeit benötigen als eigentlich nötig wäre

Unnötige oder doppelte Informationen
E-Mails, Fax etc.

Unnötige Wege
Alle, die nicht effektiv sind

Zu hohe Bestände (Material/Einrichtungen),
die über das Minimum zur Erfüllung der Aufgabe hinausgehen

Wartezeiten
Warten auf Menschen, Material oder z. B. auf das Ende eines Kopier-/Druckvorganges

Abb. 163: Verlustarten im Büro

18.2   Zustand vor 5S im Büro

Suchzeiten, Fehlbestände und andere Ärgernisse sind in der Verwaltung keine unbekannte Größe. Neben physischen Dingen, die nicht da sind, wo sie sein sollten, sind es inbesondere Informationen und Dokumente, die in Verwaltungsbereichen gesucht werden und damit „Zeitfresser" für die Mitarbeiter darstellen. Auf den folgenden Bildern sehen Sie einige Zustände aus diversen Zentralbereichen.

Abb. 164: Lagerung von Büromaterial und auch anderen Materialien in einem Archiv/Materialraum

Abb. 165: Verbrauchsmaterialien der Verwaltung vor der Anwendung der 5S-Methode

Abb. 166: Lose Stapelbildung von Büromaterialien

Abb. 167: Platzprobleme? Die leeren Kartons sind alle älter als zwölf Monate

Abb. 168: Chaotische Anordnung wichtiger Versandanweisungen in einem Versandbüro

18.3 Langsamer Einstieg

Macht es denn jetzt auch Sinn, dass jeder Büromitarbeiter seinen Arbeitsplatz einer 100 %igen Transparenz unterwirft?

Die richtige Devise ist hier die folgende: Langsamer Einstieg in die 5S-Methode an den Stellen, an denen mehrere Mitarbeiter auf eine Sache zugreifen, wie z. B. Material, Schränke, Server, Übergabeflächen, Auftragstaschen, Einkaufslisten, Stammdaten oder Arbeitsplätze/Prozesse, und an denen sich im Falle von Vertretung (Krankheit, Urlaub) andere Mitarbeiter zurechtfinden müssen.

Abb. 169: Persönlicher Arbeitsplatz, der keiner weiteren Kommentierung bedarf!

Es gibt in der Regel drei Sichtweisen, die Mitarbeiter zum Thema 5S zu ihrem persönlichen Arbeitsplatz haben:

1. Klasse, so einfach will ich arbeiten (ca. 30–50 %)!
2. Toll! Wenn es klappt, dann steige ich auf den Zug auf (ca. 30–50 %)!
3. Sowas brauchen wir nicht, ich finde mich auch so an meinem Arbeitsplatz zurecht (ca. 10–20 %)!

Die Mitarbeiter aus Kategorie 3 gilt es, an das Thema heranzuführen und die Wirksamkeit der Methode durch Erfolge in der Praxis zu beweisen. Die Mitarbeiter der Kategorie 1 werden ihren persönlichen Arbeitsplatz nach den Prinzipien der 5S-Methode gestalten. Bei den Mitarbeitern aus der Kategorie 2 verhält es sich so, dass diese sich auf die Zentralbereiche (immer da, wo mehr als ein Mensch an einer Sache arbeitet) einlassen und zudem ihren Arbeitsplatz zu 30–70 % der 5S-Struktur unterwerfen, jedoch den ein oder anderen Bereich auslassen.

Abb. 170: Befüllen einer Schublade, bis sie sich nicht mehr schließen lässt, bevor der Mitarbeiter eine neue findet

Ich möchte noch einmal zurück zu den Zielen von 5S kommen. Eines der Kernziele ist es, Such- und Wartezeiten (vgl. Kap. 4) abzuschaffen und darüber hinaus die gesamte Zusammenarbeit zu erleichtern und zu vereinfachen.

18.4 Schulung und Umsetzung der 5S-Methode

Ähnlich dem Durchführungsprinzip in der Produktion gilt es, zunächst die Mitarbeiter abzuholen und entsprechend der Methodik auszubilden.

Umsetzungsfahrplan der 5S-Methode im Büro/in der Verwaltung:
1. Teams für den Workshop zusammenstellen
2. Material beschaffen
3. Theorieschulung „5S im Büro"
4. Praktische Umsetzung der fünf Schritte
5. Erstellung eines Umsetzungsplans bis zum vollständigen Roll-out in allen Verwaltungsbereichen

Ich empfehle Ihnen eine Schulung der Mitarbeiter. Da 5S in der Verwaltung nicht so komplex ist wie in der Produktion, kommen Sie hier mit ca. zwei bis drei Stunden sehr gut hin. Unmittelbar nach der Theorie sollte die praktische Umsetzung erfolgen. Je nach Größe Ihres Unternehmens muss dies aber zeitlich anders aufgeteilt werden als in der Produktion. Produktionsbereiche für zwei Tage oder zumindest Schichten freizuplanen ist schon eine Herausforderung, zwölf von 30 Verwaltungsmitarbeiter für zwei Tage abzustellen, ist kaum möglich.
Nach erfolgter Theorieschulung startet das Workshopteam wie folgt:
- Falls dies noch nicht im Vorfeld geschehen ist: Gemeinsames Festlegen der Schwerpunktbereiche – Welcher Bereich wird priorisiert?
- Aufteilen von Teams und Kapazitäten – Wie lange bekommen die Mitarbeiter Zeit für die Umsetzung?
- Hilfsmaterialien zugänglich machen und erklären
- Aufwandsschätzung und Erstellung eines Plans für die weitere Umsetzung unmittelbar nach Abschluss der ersten Aktion

Für die weitere Umsetzung nach der ersten Aktion sollte ein Umsetzungsplan erstellt werden, der ähnlich aufgebaut ist, wie im Kapitel „Organisation der weiteren Umsetzung" in der Produktion beschrieben (vgl. Kap. 17.1). Bilden Sie kleine Teams, die nach Möglichkeit Schritt für Schritt an der Umsetzung arbeiten, z. B. jeden Freitag für zwei Stunden. Je schneller die Umsetzung voranschreitet, desto schneller profitieren alle von der neuen Struktur.

18.5   Tipps zur Umsetzung in Zentralbereichen

In diesem Kapitel wird die Umsetzung der fünf Schritte der 5S-Methode bezogen auf die zentral und gemeinsam genutzten Bereiche wie z. B. Materialschränke, Regale oder Ablageflächen beschrieben.

Im ersten Schritt räumen Sie zunächst alles aus und richten eine Müll- und Klärungsfläche (vgl. Kap. 10) ein. Nehmen Sie alle Gegenstände in die Hand und beantworten die folgenden Fragen:

1.   Wozu benötigen wir es? Alles, was nicht benötigt wird, kommt auf die Klärungsfläche. Müll kann dabei direkt entsorgt werden.
2.   Ist es hier am richtigen Platz? Wenn nein, wo wäre ein besserer Platz?
3.   Wie hoch muss der Sicherheitsbestand sein (Abhängigkeit Wiederbeschaffungszeit/Verbrauch)?
4.   Wie viel muss im Standard bevorratet werden? Wie hoch ist die Einkaufsmenge?

Die Mitarbeiter bearbeiten im zweiten Schritt alle Materialien, die nach dem Aussortieren übrig geblieben sind. Jetzt bekommt jeder Gegenstand eine feste und gekennzeichnete Adresse.

Abb. 171: Angesammelter Müll bei einem 5S-Workshop im Archiv

Darüber hinaus gilt es, bei Verbrauchsmaterialien einen Sicherheitsbestand fest-zulegen und die Kanban-Methode (vgl. Kap. 11.8.1) einzuführen. Auch hier gilt: Lassen Sie der Kreativität der Mitarbeiter freien Lauf. Sie werden erstaunt sein, welches kreative Potenzial in Ihren Mitarbeitern steckt.

Abb. 172: *Einsatz von Lagerboxen – Jedes Teil hat einen festen Platz; Sicherheitsbestände sind mittels Gummiband fixiert*

Abb. 173: *Einsatz von Faltkartons und Flächen-markierungen in diesem Materialschrank*

Abb. 174: *Steuerung der Nachbeschaffung über Bestellkarten (Einkaufskanban)*

Abb. 175: Lange Suchzeiten nach dem richtigen Produktmuster (links) – Nach der Bildung von Produkt-
mustergruppen ist ein kurzer Zugriff möglich (rechts)

Abb. 176: Ungeeignete Aufbewahrung von Ski- und Wanderkarten (Produktmuster) in tiefer Schublade
(links) – Keine Suchzeit mehr nach dem Einsatz von flachen Schubladen ohne Neukauf (rechts)

Abb. 177: Einfach strukturierter Büroarbeitsplatz   *Abb. 178:* Übersichtliche Gestaltung einer Doku-
mentenübergabefläche

18.6 Tipps zur Umsetzung an persönlichen Arbeitsplätzen

Neben physischen Dingen suchen Mitarbeiter im Büro oftmals Dokumente und Daten auf ihren Rechnern oder dem allgemeinen Server. Starten wir zunächst mit dem persönlichen Arbeitsplatz.

Während der grundlegenden Strukturierung des Arbeitsplatzes sollten Sie sich etwas für den Umgang mit Ihren Papierstapeln überlegen, sofern Sie noch welche haben. Der Nachteil der Papierstapel ist, dass diese nur in die Höhe wachsen, sich jedoch selten abbauen. Abgebaut werden sie meist nur zwischen Weihnachten und Neujahr, wenn traditionell der Schreibtisch aufgeräumt wird.

Abb. 179: Erkennbare Schreibtischstruktur – Bildung von Funktionsfeldern und -fächern

Abb. 180: Auftragsunterteilung in einem Autohaus nach geplanten Reparaturen und Unfällen

Die Kunst der „Entstapelung" liegt im Aufbau eines einfachen Ordnungssystems. Gehen Sie hin und clustern Ihren Stapel nach Arbeitsthemen, z. B. Personal, Technik, Einkauf, heute, aktuell etc. Damit ist es jedoch nicht getan. Es muss Ihnen gelingen, sich regelmäßig mit diesen Stapeln auseinanderzusetzen. Je weniger Stapel Sie dabei bilden, desto einfacher wird es.

1. **Digitalisieren** Sie alles, was Sinn macht: Dokumente, die nicht täglich hervorgeholt werden müssen, abgearbeitete Vorgänge oder offene Projekte. Achten Sie beim Anlegen Ihrer digitalen Ordner auf eine einfache und klare Struktur. Sollten Sie doch einmal etwas suchen, nutzen Sie die Suchfunktion Ihres Rechners, die es Ihnen ermöglicht, Inhalte ohne großes Erinnerungsvermögen wiederzufinden.

2. Bilden Sie drei bis fünf feste Gruppen und schaffen für diese **feste Adressen** (Mappen, Klarsichthüllen, Ablagefächer, abgeklebte Felder etc.). Mögliche Gruppen können z. B. sein:

- **Aktuell oder to do**! Mit dieser Kategorie sollten Sie Ihren Tag sowohl beginnen als auch abschließen. Jeweils fünf bis zehn Minuten Planung zu Beginn und Ende des Tages helfen, Themen zielgerichtet abzuarbeiten, auch wenn Sie auf den ersten Blick 10 bis 20 Minuten verlieren.
- **Projekte/Aufgaben Zukunft**: Alles, was sich aktuell nicht in der Umsetzung befindet, jedoch in der Zukunft relevant werden könnte oder wird.
- **Themen- und sachbezogene Fächer,** z. B. Einkauf, Verkauf, Delegieren.

Sobald Sie Informationen nicht mehr benötigen, entsorgen Sie diese. Für den Fall, dass Sie nicht wissen, ob die Informationen in der Zukunft relevant werden, digitalisieren Sie diese.

18.6.1   Kennzeichnungen von Materialien

Darüber hinaus ist es sinnvoll, „Kleinteile" wie z. B. Taschenrechner, Stifte, Locher, Post-its etc. in einer festen Struktur anzulegen. Dafür eignen sich besonders gut die ml+ Schaumstoffeinlagen.

Die strukturierte Anordnung von Materialien und anderen Dingen ist wichtig, um auf einen Blick zu erkennen, was fehlt. Bei vorgefertigten Strukturen lässt sich sofort ablesen, welche Materialien nicht vorhanden sind und eventuell nachbestellt werden müssen.

Abb. 181: 5S-Beispiel eines persönlichen Arbeitsplatzes

Abb. 182: Ergonomisch sinnvolle Anordnung durch den Arbeitsplatzinhaber

Abb. 183: Schaumstoffeinlage auf einem Schreibtisch – Zusätzliche Farbvisualisierung (magenta) markiert einen eindeutigen Arbeitsplatz

Abb. 184: Öffnung richtiger Schubladen dank einfacher Visualisierungen

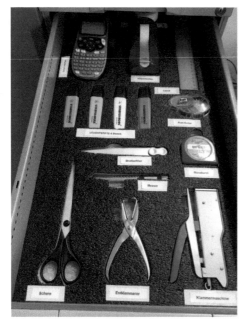

Abb. 185: Schubladengestaltung eines Abteilungsleiters

Umsetzung richtig! Niemand benötigt eine Kennzeichnung, um zu erkennen, welcher Marker blau ist. Sollte er jedoch fehlen, ist sofort erkennbar, welche Farbe fehlt. Die verdeckte Kennzeichnung ist in der Praxis auf Schaumstoffen schwieriger, da die ausgeschnittene Fläche nur selten eben ist.

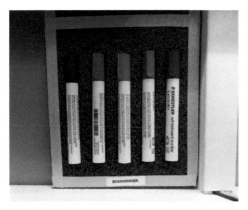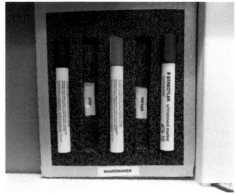

Abb. 186: Boardmarker ohne spezifische Kennzeichnung – doch die Aufkleber sind erst zu sehen, wenn der Marker nicht mehr vorhanden ist!

18.6.2   Macht ein leerer Schreibtisch Sinn?

In einigen Unternehmen gibt es die Regel, dass die Schreibtische zum Feierabend frei sein müssen. Diese Regel erleichtert zwar dem Reinigungsdienst seine Arbeit, hat jedoch wenig mit der Reduzierung von Verschwendung am Arbeitsplatz zu tun, ist aber immer dann sinnvoll, wenn sensible Daten nicht in die Hände Dritter kommen sollen. Das Prinzip des freien Schreibtisches zum Feierabend wird auch „Clean Desk Policy" genannt.

Dieses Prinzip hat nichts mit 5S zu tun, da der auf den ersten Blick leere Schreibtisch nicht den störungsfreien Arbeitsplatz zum Ziel hat. Einen sauberen Schreibtisch bekommt man eben auch, wenn zum Ende des Tages alle Papierstapel in einen Schrank geworfen werden. Die Schreibtische oder Arbeitsplätze sollten so aufgebaut sein, dass diese eine erkennbare Struktur haben. So ist gewährleistet, dass sich andere Mitarbeiter z. B. im Vertretungsfall schnell zurechtfinden.

Weitere Möglichkeiten der Umsetzung sind allgemein genutzte Räume wie z. B. die Küche oder der Sanitätsraum. Nicht gespülte Tassen, leere oder verschimmelte Kaffeemilch gibt es mit einem Küchenplan mit wechselnden Verantwortlichkeiten meist nicht mehr.

18.6.3   Motivation der Mitarbeiter

Die Einführung der 5S-Methode hat das Ziel, verlustfreie Arbeitsumgebungen zu schaffen und die Arbeit möglichst einfach zu gestalten. Anders ausgedrückt, es geht hier nicht um eine Reise zum Ponyhof, sondern darum, das Unternehmen so weit zu festigen und zu stärken, dass es auch zukünftig wettbewerbsfähig ist.

Sollte es Mitarbeiter geben, die sich mit diesen Zielen nicht identifizieren, ist es die Aufgabe der Vorgesetzten, sich dieser Mitarbeiter anzunehmen. Es gilt die Devise: „Weich im Ton, hart in der Sache!".

Beispiel
Wie würden Sie mit einem grünen Apfel umgehen, der eine braune Stelle hat? Würden Sie den ganzen Apfel in Frage stellen und entsorgen? Nein, Sie würden die braune Stelle vom Rest des Apfels entfernen.

Es mag hart klingen, aber genau so sollten Sie mit Mitarbeitern umgehen, die schlichtweg nicht wollen (das Wollen ist das Minimum, das man erwarten kann). Es gibt einzelne Mitarbeiter, die es durch schlechte Stimmung schaffen, eine ganze Gruppe zu demotivieren.

18.6.4 Erhalt des Zustandes im Büro sichern

Theoretisch sieht es einfach aus, den erreichten Zustand beizubehalten, in der Praxis scheint das aber schwerzufallen. Wir wollen vielleicht, möchten den Aufwand dafür aber möglichst klein halten. Schützen wir uns also selbst, indem wir z. B.

- alle vier Wochen für zehn Minuten den Arbeitsplatz physisch aufräumen oder
- alle drei Monate für 15 bis 20 Minuten den digitalen Arbeitsplatz aufräumen und nicht mehr benötigte Dinge in Archiv-Ordner ablegen oder final löschen. Auch Speicherplatz kostet Geld und Ressourcen.

18.7   Jetzt ist der Server dran!

Ähnlich wie bei den persönlichen Arbeitsplätzen sind auch die Strukturen vieler Server im Laufe der Zeit gewachsen. Die zunehmende Digitalisierung schafft eine Flut an digitalen Inhalten. Gewachsene Strukturen sind selten optimal, weshalb die Mitarbeiter mitunter viel Zeit mit dem Suchen von Dokumenten verbringen müssen.

Abb. 187: Beispielhafter Server

Im Unterschied zum persönlichen Arbeitsplatz kann diese Aufgabe nicht von einem Mitarbeiter allein gestemmt werden. Zusammengefasst empfehle ich Ihnen in der Umsetzung folgende Maßnahmen:
- Bildung eines Projektteams bestehend aus Systemverwalter und den Nutzern der Daten,
- Evaluation der aktuellen Suchaufwände (Analyse Ist-Zustand),
- Aufbau des Soll-Zustandes und
- Implementierung/Verankerung von Spielregeln für den dauerhaften Erhalt (Berechtigungen, Pflegesystematik etc.).

18.7.1   Umsetzungstipps für die Praxis

Nachdem die Rahmenbedingungen für die Umsetzung der 5S-Methode auf der Ebene der Server geschaffen wurden, gehen Sie nun in die detaillierte Umsetzung:
- Entfernung aller Dokumente, die älter als zwei Jahre sind und keiner Aufbewahrungsfrist unterliegen. Nutzen Sie eine Archivfunktion als Back-up, so geht Ihnen nichts verloren.
- Entfernung aller Dokumente, die mehrfach gespeichert wurden.
- Erarbeitung von Regeln für die regelmäßige Überprüfung der Struktur und Pflege der neu geschaffenen Systematik.
- Schaffung eines Regelwerks für die Ablage von Dokumenten:
  1. Sinnvolle einheitliche Ordnerbezeichnung
  2. Sinnvoller Dateiname, ggf. Bestimmung eines Unterordners
  3. Anfertigung eines Back-ups für alle Daten, die Sie löschen wollen (so geht nichts verloren)
  4. Entfernung jeder Softwareanwendung, die nicht mehr benötigt wird
  5. Insbesondere Bilddateien benötigen viel Speicherplatz. Werden wirklich noch alle Bilder benötigt? Erstellung eines Back-ups, z. B. mit einer externen Festplatte

Die meisten Unternehmen arbeiten zunehmend mit „Terminalservern", d. h., dass es keine PCs mit eigenen Speichermedien gibt – alles liegt zentral auf dem Server.

Dies ist ideal für die Anwendung der 5S-Methode. Aus der Praxis empfehle ich, dass das Projektteam eine Musterstruktur auf dem Server anlegt. Sobald das geschehen ist, sollten übrige Nutzer des Unternehmens die neue Struktur testen. Sobald Mitarbeiter Dokumente schnell und einfach finden, die sie selbst nicht angelegt haben, funktioniert Ihre 5S-Methode. Nach dieser Testphase kommt es in der Regel zu weiteren Anpassungen der Struktur. Sobald die Tests positiv abgeschlossen sind, kann die generelle Umsetzung beginnen.

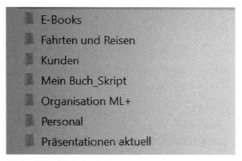

Abb. 188: *Digitale Ordnerstrukturen*

18.7.2 Software

Als Hilfsmittel für den dauerhaften Erhalt bieten sich DMS-Softwaresysteme an (Document-Management-Systeme). Sollten Sie wider Erwarten etwas suchen, habe ich zwei Tipps für Sie:

1. Nutzen Sie die Suchfunktion Ihres Rechners.
2. Sollte ein Dokument aufgrund schlechter Bezeichnung oder mangelnder Ablage gesucht werden, spielen Sie den Fall dem Projektleiter für das Thema „5S auf dem Server" zu – mit dem Ziel, dass das Dokument für alle nachvollziehbar und strukturiert abgelegt wird.

Weitere Möglichkeiten der Standardisierung:

- Aufbewahrungsfristen für Dokumente beachten und nach Ablauf der Frist entsorgen (gilt insbesondere für Ordner)
- Brauchen wir es in Papierform oder kann es digitalisiert werden?
- Mülltrennung im Büro (Toner, Papier etc.)

Ähnlich wie bei der Umsetzung von 5S in der Produktion ist der nächste Schritt die Verbesserung der Kommunikation. Diese bezieht sich auf zwei Ebenen:

1. Kommunikation innerhalb der Abteilung
2. Kommunikation/Zusammenarbeit mit vor- und nachgelagerten Abteilungen (hier steckt das größte Potenzial)

Teil F

Fazit und Zusammenfassung

19 Fazit: Philosophie der Verbesserung

Nach meinen Theorie-Schulungen habe ich schon so manches Mal folgende Aussage gehört: „Manuel, das hört sich zu schön an, als dass es bei uns wahr werden könnte. Die Menschen bei uns änderst auch du nicht!".

Menschen zu ändern ist Aufgabe von Psychologen und Erziehern, beides sind Sie nicht. Ändern Sie daher nicht die Menschen, sondern ändern Sie das Umfeld! Ein strukturiertes Umfeld ist eine optimale Grundlage für strukturiertes Arbeiten. Mit der Änderung des Umfeldes ändern Menschen ihre Verhaltensweise und es entsteht eine neue Kultur. Sie glauben mir nicht?

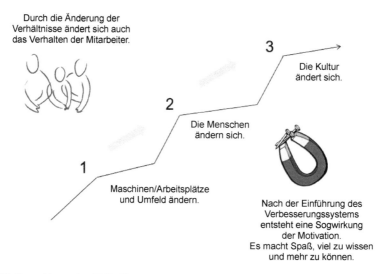

Abb. 189: Sogwirkung der Motivation

Beispiel

Als Raucher steige ich zu meinem Freund ins Auto, der selbst Raucher ist. Dort mache ich mir ohne zu fragen eine Zigarette an. Fahre ich hingegen mit meiner Frau (Nichtraucherin) und meinen Kindern 800 km in den Urlaub, werde ich nicht nach 400 km auf die Idee kommen und meine Frau fragen, ob ich im Auto eine Zigarette rauchen darf (Es wäre wahrscheinlich meine letzte!).

Betreten einer Wohnung: Zu Studentenzeiten war ich froh, wenn ich beim Betreten der WGs festes Schuhwerk anhatte (verklebte Böden etc.). Besuche ich hingegen einen Freund, der über einen weißen Teppich verfügt, frage ich jedes Mal direkt nach den Hausschuhen.

Wo ist die Gehirnwäsche in diesen Fällen? Es gibt keine! Der Mensch passt sich seiner Umgebung an. Für die wenigen Ausnahmen unter den Menschen, die damit nicht erreicht werden, gibt es dann noch zwei weitere Ansätze:

1. **Aufbau einer Gruppendynamik**: In einem Team bestehend aus fünf Personen gibt es einen Kollegen, der sich nicht an die getroffenen Absprachen hält. Bevor die restlichen vier Mitarbeiter das Fehlverhalten beim Vorgesetzten anzeigen, empfehle ich die direkte Ansprache der Kollegen untereinander. In dem konkreten Fall wären die vier Kollegen gut beraten, zu zweit, dritt oder viert mit dem einen zu sprechen. Persönliche Angriffe in Gesprächen enden in der Regel mit Gegenkonfrontation oder Abwehrhaltung. Binden Sie den Kollegen, der nicht mitmachen möchte, in einen Dialog ein, indem Sie ihn z. B. fragen, warum er sich verweigert und welche Ansätze der Verbesserung er gegebenenfalls hat. Menschen entwickeln dann eine Abwehrhaltung, wenn die Umsetzung aus ihrer Sicht nicht optimal ist. Die 5S-Methode ist eine Methode, die insbesondere von der Dynamik und Anpassung lebt. Jeder erneut angepasste Zustand, der auf Beobachtungen und Ideen der Mitarbeiter fußt, stärkt die Akzeptanz und die Langlebigkeit der 5S-Methode.

2. **Einschalten des Vorgesetzten**: Wenn die Mitarbeiter vor Ort feststellen, dass Gespräche unter Kollegen nicht ausreichen, um das verabredete 5S-Niveau sicherzustellen und dafür zu sorgen, dass sich jeder Mitarbeiter an die Regeln hält, gibt es noch den Weg über die Vorgesetzten. Das Einschalten des Vorgesetzten sollte jedoch erst geschehen, nachdem die Kollegen es untereinander versucht haben. Achten Sie als Vorgesetzter darauf, dass Sie in solchen Fällen ein abschließendes Gespräch mit allen Beteiligten suchen, um die Wogen wieder zu glätten.

20 Zusammenfassung

Egal, wo Sie heute mit Ihrem Unternehmen stehen, die Grundvoraussetzung ist, dass Inhaber und Geschäftsführer wirklich etwas ändern wollen und auch bereit sind, die entsprechenden Mittel zur Verfügung zu stellen. Neben einigen finanziellen Ressourcen ist es entscheidend, dass der Inhaber eine mitarbeiterorientierte Arbeitskultur etablieren möchte und dahinter einen tiefen Sinn erkennt. Damit das gelingt, heißt es, zuzuhören und an der einen oder anderen Stelle Abstand von eigenen Ideen zu nehmen.

Die Einführung von 5S, respektive der Kaizen-Philosophie oder Lean Management, ist eine Veränderung für alle – von der Geschäftsführung bis hin zur Hilfskraft. Wenn der oder die Inhaber hinter dem Thema stehen und Sie die Methodik richtig angehen, gibt es nichts, was einer erfolgreichen Umsetzung im Weg stehen wird.

Weitere wichtige Eckpfeiler bei der Umsetzung von 5S sind:

- Entwicklung einer **Vision** – Was wollen Sie mit 5S erreichen?
- Benennung eines **Kümmerers/Koordinators** als verlängerter Arm der Geschäftsführung und Anwalt der Sache
- Erstellung eines **Umsetzungsplans** – In welchem Bereich soll mit 5S gestartet werden? Wo geht es danach weiter und wann?
- Entwicklung einer **Schulungsunterlage** für die Mitarbeiter – Dabei unterstütze ich Sie gerne!
- Organisation von **Workshops** (zwei Tage): Bereich freiplanen, Mitarbeiter einladen, Materialien beschaffen – ich biete Ihnen eine Liste mit universellen Materialien und Beschaffungsquellen gegen eine kleine Gebühr an
- Festlegung eines **Umsetzungsplans nach erfolgtem Workshop** für den begonnenen Bereich
- Entwicklung einer **Marke** für 5S: Geben Sie dem Kind einen Namen, indem Sie z. B. einen Namenswettbewerb unter den Mitarbeitern ausloben. Einige Unternehmen entwickeln daraus ein Logo oder gar ein Maskottchen. Die Wirkung einer solchen Maßnahme schafft eine enorme Identifikation und bietet zahlreiche Möglichkeiten der werbewirksamen Außendarstellung.
- Entwicklung eines **Pflegesystems**, um die Wirksamkeit zu prüfen.

Wer anfängt, sollte es auch zu Ende bringen. Im Zusammenhang mit der Einführung von 5S kann diese Aussage unterstrichen werden. Neben der Anstrengung der ersten Umsetzungsworkshops und der damit verbundenen, geblockten Kapa-

zitäten gilt es, nach den ersten Workshops am Ball zu bleiben. Wer von 5S profitieren will, wird sich dauerhaft mit dem Thema beschäftigen müssen! Die größten
Meilensteine sind dabei der Abschluss des Erstaufbaus und die Etablierung einer
dauerhaften Pflegesystematik.

Nutzen Sie die Chance mit 5S Werbung für Ihr Unternehmen zu machen. Zeigen
Sie Ihren Kunden und gern auch verloren gegangenen Kunden Ihre neue Struktur.
Strukturen schaffen Vertrauen! Stellen Sie sich vor, dass Sie vielleicht zukünftig Ihre
Lieferanten und Kunden in Ihrem Unternehmen mit der 5S-Methode begeistern.

21 Erfolgsbeispiele

21.1 Erfolgsbeispiel 1: Buchbinderei Schaumann GmbH

Firma: Buchbinderei Schaumann GmbH   **Schaumann** Buchbindere
Standort: Darmstadt
Branche: Industrielle Weiterverarbeitung von Printmedien
Bereich: Produktion und Verwaltung
Mitarbeiter: ca. 65 Mitarbeiter/2-Schicht-Betrieb

Die Buchbinderei Schaumann in Darmstadt ist eine Traditionsbuchbinderei, die im Jahre 1945 gegründet wurde. In den Anfängen war die Fertigung sehr handwerklich geprägt. Mit zunehmendem Wachstum des Unternehmens wurde aus der Handwerksbuchbinderei ein hochmoderner Industriebetrieb, der sich auf die Weiterverarbeitung von Printmedien spezialisiert hat. Die umbaute Fläche umfasst ca. 4.000 qm.

Für die Umsetzung der 5S-Methode wurden folgende Schritte vereinbart:
1. Schulung und Ausbildung von zwei Pilotgruppen aus der Produktion (à zwölf Mitarbeitern) bei einem ml+ Kunden, der bereits die 5S-Methode eingeführt hat – lernen, sehen und verstehen in der Praxis!
2. Praktische Umsetzung der 5S-Methode in Kleingruppen vor Ort
3. Schulung der restlichen Mitarbeiter
4. Durchführung weiterer 5S-Workshops
5. Durchführung Schulung und Workshop in der Verwaltung

Vorgehensweise
1. Zwei Kaizen-Basic-Schulungen für die Führungskräfte und Mitarbeiter aus mehreren Bereichen (insg. 24 Personen) in einer Kaizen-Lehrfabrik. Nach der erfolgten Ausbildung in der Lehrfabrik erfolgte die Umsetzung in Form von zunächst zwei Workshops vor Ort.
2. Nach erfolgreicher Etablierung der 5S-Methode in den Pilotbereichen wurden im nächsten Schritt weitere 24 Mitarbeiter aus der Produktion in Theorie und praktischer Umsetzung ausgebildet.
3. Die fünfte und letzte Aktion für den Erstaufbau von 5S fand in der Verwaltung mit ca. zehn Mitarbeitern statt.
4. Außerdem erfolgte eine Durchführung der Optimierungsmaßnahmen der 5S-Methode in weiteren Workshops vor Ort.

Die Buchbinderei Schaumann GmbH arbeitet seit 2014 mit der 5S-Methode. Im Jahr 2017 wurde das Unternehmen als 5S-Experten-Unternehmen durch ml+ zertifiziert. Die Verlängerung des Zertifikates wurde im April 2019 akkreditiert.

Schaumann hat sich in diesem Zusammenhang zu einem Vorzeigeunternehmen entwickelt. Mittlerweile finden dort offene Lean-Basic-Seminare statt, die den Teilnehmern die Möglichkeit geben, die Methode in der Praxis zu erleben und darüber hinaus ein Feedback aus erster Hand sowohl durch die Mitarbeiter als auch durch die Führungskräfte zu erhalten.

Buchbinderei Schaumann vor der Umsetzung der 5S-Methode

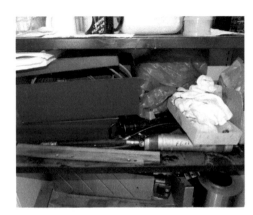

Abb. 190: Unstrukturierte Arbeitsplätze führten zu Suchzeiten, verlängerten Zugriffszeiten und Frustration beim Mitarbeiter

Buchbinderei Schaumann nach der Umsetzung der 5S-Methode

Ergebnis

- Um 40 % reduzierte Zugriffszeiten auf Werkzeuge, Ersatzteile, Betriebsmittel und Informationen
- Einführung „Aufträge on demand" – Wegfall der papiergesteuerten Aufträge
- Einführung der Problem-Ideen-Meldekarte als Kommunikationstreiber
- 85 % aller möglichen Flächen sind gekennzeichnet
- Innerbetriebliche Warenverfolgung
- Wegfall von Fehlbestellungen durch Einführung der Kanban-Methode
- Einführung der Autonomen Instandhaltung
- Status als aktuelle ml+ Lehrfabrik – Seminare für Führungskräfte in der Praxis
- Erfolgreiche Akkreditierung des 5S-Experten-Zertifikates

Abb. 191: Aussortierter Müll nach dem ersten 5S-Workshop

Abb. 192: Übersichtliche Lagerung von Betriebsmitteln

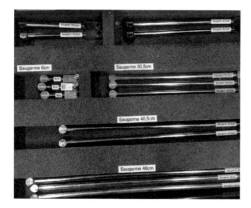

Abb. 193: Schaumstoffeinsätze sorgen für Klarheit

Abb. 194: Eingeführte Flächenkennzeichnung

Abb. 195: Werkzeuge und Betriebsmittel unmittelbar am Ort ihres Einsatzes

Abb. 196: Visualisierung des Schubladeninhaltes von außen

Persönliches Statement von Ulrike Vettermann, geschäftsführende Gesellschafterin der Buchbinderei Schaumann GmbH

„Seit 1998 wächst unsere Buchbinderei stetig, wobei das Wachstum anfänglich ein rasantes Tempo entwickelte – weit über dem Branchendurchschnitt. Über die Freude daran verloren wir natürlich zeitweise den Überblick und hatten nicht alle Konsequenzen sofort im Blick. Zum Beispiel, dass der Schichtbetrieb andere Anforderungen an die Organisation stellt als der Betrieb mit nur einer Schicht, dass die Kommunikation mit 70 Mitarbeitern anders funktioniert als mit 18, dass 4.500 Quadratmeter Halle anders organisiert werden müssen als 450, usw.

Aber mein Mann und ich sind sehr ehrgeizig und legen viel Wert auf kontinuierliche Entwicklung. Deshalb schaffen wir es letztendlich immer, wieder Grund in das Ganze zu bringen. Das ist mal relativ einfach, manchmal aber auch sehr anstrengend. Innendienst und Vertrieb ließen sich recht problemlos umstrukturieren und den Erfordernissen des Marktes anpassen, worüber wir sehr froh waren.

Als es dann aber darum ging, die Produktion effizienter zu gestalten, wurde es schwierig. Langjährige Mitarbeiter taten sich schwer mit neuen Arbeitsweisen und Abläufen. Warum etwas ändern, wenn es doch seit vielen Jahren genau so praktiziert wird? Der Faktor Mensch will eben immer berücksichtigt sein und fordert immer wieder Aufmerksamkeit.

Da aber unsere Kunden – unter anderem als Folge von Personaleinsparungen – immer schlechtere Qualität anlieferten, waren wir als letztes Glied in der Kette gezwungen, etwas zu ändern, um erfolgreich zu bleiben. Wir haben uns also zur Aufgabe gemacht, unsere Kunden noch besser „abzuholen". Wir erleichtern ihnen die Arbeit und gehen auf sie zu. Unter anderem, indem wir vorab Daten abfragen und proaktiv an Termine erinnern. Das bringt Struktur und Ruhe in die Produktion und hilft uns, unser wichtigstes Gut zu produzieren: zufriedene Kunden, die sich gut aufgehoben fühlen.

Diese Gedanken mussten wir auch in unsere Produktion einbringen, unsere Mitarbeiter davon überzeugen. Keine leichte Aufgabe, denn bekanntlich wird der Prophet im eigenen Land nicht gehört. An diesem Punkt kam Manuel Lehmann ins Spiel, den wir als Coach und Initiator für Kaizen ins Haus holten und der uns seitdem in diesem permanenten Prozess begleitet.

Als idealen Zeitpunkt für den Einstieg in Kaizen und 5S wählten wir die Anschaffung einer neuen Klebebindeanlage im Jahr 2013. Diese recht teure Maschine ist 60 Meter lang und befindet sich an einem zentralen Standplatz mitten in der Produktionshalle.

Gleich zu Beginn dieses Projekts ließen wir unsere Mitarbeiter von Herrn Lehmann in der Theorie unterrichten, damit sie einen ansprechenden Eingang in den Umgang mit Werkzeugen und in das Thema Instandhaltung finden konnten. Eine Woche später begann dann die praktische Umsetzung, die uns als Geschäftsleitung sehr beeindruckte.

Und jetzt hat einfach alles seinen Platz. Absolut jedes Werkzeug, jedes Klebeband, jedes Reinigungsmittel. Man weiß immer sofort, wo man es findet. Ist es nicht am richtigen Platz, wird es bereits benutzt. Kein Suchen, kein Fluchen. Perfekt!

Schließlich konnten wir das 5S-System nach und nach erfolgreich auf unsere gesamte Produktion anwenden. Alle Mitarbeiter sind eingebunden und engagieren sich stärker als früher – unter anderem, indem sie regelmäßig Verbesserungsvorschläge machen.

Insgesamt hat uns die Einführung des 5S-Systems sehr viel gebracht: Unseren Kunden können wir durch verbesserte Produktionsprozesse in Sachen Qualität und Termintreue ein besseres Produkt bieten. Unsere Mitarbeiter sind zufriedener, weniger gestresst und motivierter, denn sie können sehr reibungslos und flüssig arbeiten: Die Prozesse sind transparenter, niemand muss nach Werkzeugen oder Arbeitsmitteln suchen, lange Transportwege und unnötige Wartezeiten werden vermieden. Abweichungen können frühzeitig erkannt werden und Fehler entstehen oft gar nicht erst.

Gemeinsam mit unseren Mitarbeitern haben wir ein sauberes und ordentliches Arbeitsumfeld geschaffen und pflegen es mit jedem Handgriff – unsere Grundlage für Effizienz und hochwertige Qualitätsarbeit, von der natürlich auch unsere Kunden profitieren.

Ein hilfreicher Nebenaspekt ist, dass die klar strukturierten, transparenten Prozesse sich nun in unserem neuen Prozesshandbuch anhand von Bildern und Schlagworten klar und einfach darstellen lassen, was die Eingliederung von Mitarbeitern mit eingeschränkten Sprachkenntnissen erheblich erleichtert. Darüber hinaus konnten durch die Prozessoptimierung auch weitere Verbesserungen und Hilfen initiiert werden, wie zum Beispiel ein Barcodesystem für alle Waren, auftragsbezogene Behälter für Kleinmaterialien etc.

Nach etwa sechs Jahren kann ich sagen, dass unser Unternehmen inzwischen einen sehr hohen Standard erreicht hat. Darüber freuen wir uns sehr und sind auch sehr zufrieden mit unserem Coach Manuel Lehmann."

21.2 Erfolgsbeispiel 2: Müller Martini Buchsysteme

Firma:	Müller Martini Buchsysteme	**MÜLLER MARTINI**
Standort:	Rahden	
Branche:	Maschinenhersteller	
Bereich:	Montage und Ausstellungsraum Verkaufsmaschinen	
Mitarbeiter:	100 Mitarbeiter/1-Schicht-Betrieb	

Den Geschäftsführer von Müller Martini Buchsysteme Rahden habe ich auf einer Vortragsveranstaltung im März 2018 kennengelernt. Unmittelbar nach meinem Vortrag haben wir einen Vor-Ort-Termin in Rahden vereinbart. Bei dem unverbindlichen Erstgespräch wurde neben der Geschäftsführung und dem verantwortlichen Prozessmanager der Betriebsrat mit eingebunden. Im Zuge des Vor-Ort-Gespräches fand eine Begehung des Montagebereiches, inklusive einfacher Potenzialanalyse statt.

Für die Umsetzung der 5S-Methode wurden folgende Schritte vereinbart:
1. Kaizen-Basic-Schulung der Führungskräfte in einem eintägigen Seminar, inklusive Planungswerkstatt für die weitere Umsetzung im Mai 2018. Aufgrund der Auftragssituation hat sich Müller Martini Buchsysteme für die stufenweise Umsetzung entschieden und die Umsetzung in drei Bereiche unterteilt:
2. Bereich 1: Elektronikmontage mit 33 Mitarbeitern
3. Bereich 2: Mechanische Montage mit ca. 70 Mitarbeitern
4. Bereich 3: Show-Room (Ausstellungsraum sämtlicher Maschinen) mit ca. sechs Mitarbeitern

Vorgehensweise
1. Die 33 Mitarbeiter der Elektronikmontage wurden in drei Gruppen aufgeteilt und die jeweiligen Gruppen jeweils für zwei Tage komplett freigestellt.
2. Zum Start der Aktionen wurden die Mitarbeiter zunächst in der Theorie geschult (Dauer ca. 5,5 Stunden). Im unmittelbaren Anschluss an die Schulung haben die Kollegen für ca. 1,25 Tage mit der praktischen Umsetzung begonnen. Die Schulungen und Workshops für die Elektronikmontage haben in der Summe sechs Tage gekostet und wurden im Juni 2018 durchgeführt (3x zwei Tage in Gruppen). Im Anschluss an die sechs Tage wurde ein Umsetzungsplan für die weitere Eigenumsetzung im Bereich der Elektronikmontage erstellt.

3. Im August 2018 folgten dann sechs weitere Aktionen mit jeweils zwei Tagen im Bereich der mechanischen Montage. In diesen zwölf Tagen wurden ca. 70 Mitarbeiter in Theorie und Praxis geschult. Auch für diesen Bereich wurde ein Umsetzungsplan vereinbart.
4. Im Januar 2019 gab es eine weitere Aktion mit einer Dauer von zwei Tagen im „Blauen Salon", dem Ausstellungsraum von Müller Martini Buchsysteme.

Müller Martini Buchsysteme vor der Umsetzung der 5S-Methode

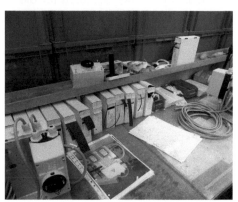

Abb. 197: Die nicht optimale Struktur des Montagebereiches hat im Ergebnis zu Frust beim Mitarbeiter geführt!

Müller Martini Buchsysteme nach der Umsetzung der 5S-Methode

Ergebnis
- Kürzere Zugriffszeit zu benötigten E-Montageteilen
- Ca. 8 % Flächengewinn
- Einführung der Problem-Ideen-Meldekarte als Kommunikationstreiber
- Einführung Kanban für Verbrauchsmaterialien
- Zufriedenere Mitarbeiter
- Verbessertes Erscheinungsbild
- Zahlreiche weitere Maßnahmen und Ideen zur Prozessoptimierung wurden gefunden und mittlerweile zum großen Teil abgearbeitet

Abb. 198: Die Bilder zeigen beispielhafte Ergebnisse der von den Mitarbeitern umgesetzten Struktur mittels der 5S-Methode

Persönliches Statement von Bernd Gosewehr, Managing Director der Müller Martini Buchbindesysteme GmbH

„Nach der Übernahme durch Müller Martini haben wir uns am Standort Rahden dazu entschieden, unter Moderation von Manuel Lehmann einen Workshop zur Optimierung der Montageprozesse durchzuführen. Wichtig hierbei war und ist uns, dass nicht etwa die Vorgesetzten geschult und trainiert werden, sondern die knapp 100 Mitarbeiter in der Maschinen-Montage Gegenstand des Projektes sind.

Es benötigt selbstverständlich die volle Unterstützung und Aufmerksamkeit aus der Geschäftsführung, sollte jedoch idealerweise von den Mitarbeitern vorangetrieben und gestaltet werden. So weit die Grundidee!

Die Workshops in der Montage wurden mit viel Spaß und intrinsischer Energie der Mitarbeiter durchgeführt. Gleichzeitig wurden wir in der Geschäftsführung täglich aufs Neue positiv überrascht und gefordert. Mit neuen Ideen und Forderungen aus der Belegschaft war es beispiellos zu sehen, wie schnell hier am Standort eine neue Arbeitsumgebung geschaffen wurde. So sind alleine bei den Aufräumarbeiten etwa 14 Paletten voll mit Werkzeug aussortiert worden. Jedes Werkzeug, das mehr als zwei Mal in einem Werkzeugwagen vorhanden ist, wirft automatisch die Frage auf, wie viele Werkzeuge man mit zwei Händen bedienen kann. ;-)

Der „Rote-Karten-Prozess" als Werkzeug zum Aufzeigen von Ablaufstörungen ist ein sehr gutes Mittel, um schnell auf Verbesserungspotenzial hinzuweisen. Gerade dieser Prozess benötigt die volle Unterstützung aus der Geschäftsführung. Es kommt auf schnelle Entscheidungen und das Feedback an die Mitarbeiter an!

Kaizen und 5S sind aus unserer Sicht nicht nur die Schlagwörter für eine aufgeräumte Arbeitsumgebung, sondern nach den Erfahrungen, die wir mit dieser Methode gemacht haben, auch ein Booster für Mitarbeitermotivation und Prozessoptimierung. Der Schlüssel zum Erfolg liegt darin, die Mitarbeiter von dieser Methode zu überzeugen und ihnen den damit erzielten Fortschritt aufzuzeigen.

Alles in allem hat Manuel Lehmann dafür gesorgt, dass unsere Mitarbeiter IHREN Arbeitsplatz geschaffen haben und sich somit auch damit identifizieren. Dieses steigert nicht nur die Effizienz und Qualität im Unternehmen, sondern motiviert die Mitarbeiter.

Heute zeigen die Mitarbeiter voller Stolz und Begeisterung ihre Ergebnisse gerne Kunden und Besuchern. Vielen Dank Manuel!"

Anhang

Anhang: Stanzen und Schneiden von Schaumstoffeinlagen

Für die Lagerung diverser Werkzeuge eignet sich die Anlage von Schaumstoffeinlagen, die die Konturen der einzelnen Werkzeuge umfassen.

Die Schaumstoffeinlagen bestehen aus 2 x 1 cm-Platten, die in der Mitte zusammengeklebt werden. Wenn eine Kontur geschnitten werden soll, z. B. für einen
Inbus- oder Gabelschlüssel, besteht die Aufgabe darin, ca. 1 cm Tiefe herauszu-
schneiden. Dazu nutzen Sie ein Cuttermesser (nach Möglichkeit mit 9-mm-Klinge)
und stellen dieses auf 1 cm Länge ein. Einfacher ist es, wenn Sie vor dem Schneiden die Kontur des zu stanzenden Teils einzeichnen (Lackstift). Nun schneiden Sie
die Kontur mit dem Cuttermesser bis auf 1 cm Tiefe. Anschließend können Sie den
überzähligen Schaumstoff leicht mit den Fingern heraustrennen. Sollte das einzu-
stanzende Teil sehr flach sein, bietet sich die Gestaltung einer Greifnase an.

Achtung: Bevor Sie die ersten strukturierten Platten schneiden, nutzen Sie eine
Platte und machen Sie zwei bis drei Testschnitte. Mit ein wenig Übung ist es sehr
einfach, den Schaumstoff zurechtzuschneiden. Verklebt werden kann dieser z. B.
mit doppelseitigem Klebeband. Nutzen Sie zum Schneiden ein Hilfsmittel, damit
Ihnen die Schnitte gerade gelingen (Lineal, Profil etc.).

Vermessen Sie die Schaumstoffeinlage
z. B. für den Einsatz in einem Schrank/
einer Schublade.

Nutzen Sie einen Lackstift, um die Konturen vorzuzeichnen.

Nutzen Sie ein „Profil", um den Schaumstoff mit dem Messer sauber trennen zu
können.

Anordnung der zu lagernden Teile.

Bitte beachten Sie dabei, wie die Teile
gegriffen werden. Die Anordnung darf
nicht wahllos erfolgen.

Stellen Sie die Messerklinge auf 1 cm zum Schneiden der Kontur.

Entfernen Sie den überflüssigen Schaumstoff mit den Fingern.

Alles Handarbeit. Das Ausstanzen erfordert eine gewisse Fingerfertigkeit und Liebe zum Detail.

Bei tiefen/großen Teilen können Sie die Schaumstoffe komplett durchschneiden (Löcher = unsichtbare Kisten, die exakt auf den Größenbedarf angepasst werden können).

Mit doppelseitigem Klebeband können Sie die Schaumstoffe fixieren.

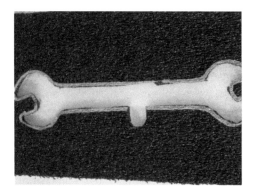

Bei flachen Teilen bietet sich das Ausstanzen einer Greifnase für den besseren Zugriff an.

Eine weitere Variante besteht darin, die 2 cm dicke Schaumstoffeinlage immer vollflächig durchzuschneiden, um anschließend das ausgeschnittene Stück in der Mitte zu teilen. Diese Variante ist etwas einfacher in der Umsetzung und sieht mitunter besser aus, da die Oberflächen nach dem „Herausreißen" eventuell nicht mehr ganz so perfekt aussehen.

Zum Schluss bekommen die ausgestanzten Teile eine spezifische Bezeichnung.

Achten Sie vor dem Anbringen des Aufklebers auf das Entfetten der Schaumstoffeinlage oder nutzen Sie ein schmales Gewebeband als Träger für den Aufkleber.

Danksagung

Das Schreiben eines Buches ist deutlich aufwendiger, als ich es mir zunächst gedacht habe. Ich danke an dieser Stelle meiner Frau, ohne deren Hilfe ich es nicht bis zur Fertigstellung gebracht hätte. Neben dem zeitlichen Freiraum hat meine Frau mich in Wort und Tat bei der Umsetzung und Gestaltung dieses Buches unterstützt.

Eine weitere – sehr wichtige – Person in meiner persönlichen und beruflichen Laufbahn ist meine Mutter. Sie ist eine sehr starke und emanzipierte Frau, die immer an mich geglaubt hat und mir auch heute noch mit Rat und Tat zur Seite steht.

Ulrike Vettermann, geschäftsführende Gesellschafterin Buchbinderei Schaumann GmbH, danke ich als einer meiner ersten Kundinnen, mit der bis heute ein regelmäßiger Kontakt besteht. Zwischen ihr und mir enstand im Laufe der Zeit ein großes Vertrauensverhältnis.

Ein besonderer Dank geht an alle Kunden die bereit waren mit mir einen neuen Weg zu gehen! Hervorheben möchte ich die Vielzahl von sehr engagierten Führungskräften und Mitarbeitern, die sich von mir mit dem Virus der „Vereinfachung" haben anstecken lassen.

Manuel Lehmann

Der Autor

Lean Management ist von Anfang an die Basis meines Berufslebens. Neben einer fundierten Ausbildung bei einem namhaften Beratungsinstitut habe ich das Wissen der Umsetzung von 5S, der Autonomen Instandhaltung, Kanban und Betriebsorganisation vor allem durch die gelebte Praxis gewonnen.

Nach der Durchführung von mehr als 350 Workshops in der Praxis – und ein Ende ist noch lange nicht in Sicht – möchte ich mein Wissen in Form dieses Buches weitergeben. Abgerundet durch meine mehr als 15 jährige Erfahrung als Führungskraft kenne ich die Nöte der Führungskräfte und Mitarbeiter.

Seit dem Jahr 2014 bin ich selbstständiger Unternehmensberater mit den Schwerpunkten

- Kaizen,
- 5S-Methode,
- Kanban-Methode,
- Autonome Instandhaltung,
- Kommunikation,
- schnelles Rüsten,
- Qualitätsmanagement sowie
- Organisation und Führung.

Weitere Erfahrungen beruhen auf

- sieben Jahren als Werkleiter/Prozessmanager in einem mittelständischen Unternehmen (industrielle Weiterverarbeitung) und
- acht Jahren im mittleren Management der Hella KG, u. a. als Leiter der Operativen Logistik eines Fertigungsstandortes.

In den letzten Jahren habe ich weit mehr als 2.500 Mitarbeiter in ca. 40 Unternehmen aus unterschiedlichsten Branchen und Unternehmensgrößen in Theorie und Praxis der 5S-Methodik ausgebildet.

ml@mlplus.org
www.mlplus.org